97.7%の人が儲けている投資の成功法則

コモンズ投信株式会社
代表取締役社長
伊井哲朗
Tetsuro Ii

日本実業出版社

まえがき

「97・7％の人が儲けている投信会社」などというと、ちょっとキワモノの商品でも取り扱っているのではないかと思われるかもしれません。しかし、その実態は、マル秘の運用商品があるわけではなく、日本企業への長期投資により、とくに投資経験が豊富というわけでもない一般的なお客さまのほぼすべてが資産を増やすことに成功している、というものです。

したがって、本書では、投資運用についての何か裏技のようなノウハウを伝授するというよりも、どうしたら本当に誰もが中長期で簡単に資産を増やしていくことができるのかということについて、どういう考え方で投資する銘柄を選んでいるのか、どうやって心を折らずに投資を続けることができる仕組みをつくっているのかなど、当社での取り組みの事例などを交えて解説していきます。

私は投資信託協会や投資顧問協会、あるいは金融庁で、「資産運用の高度化」について議論させていただく機会があります。その議論のなかで、「よい投資信託を買っても資産は増えません」という話をします。「えっ？」と思われるかもしれませんが、事実です。

良い投資信託を購入しても2割程度値上がりすると売却し、また次の商品での値上がりを狙います。しかし、毎回、購入すれば2割値上がりするなんてことはありません。乗り換えた商品で、前回の利益を掃出し、あるいはそれ以上に値下がりして、なかなか元本まで戻らない、諦めてまた違う商品を購入する……。そんなことを繰り返し、結果としてなかなか資産を増やすことができないという方がほとんどだと思います。また、金融機関自身もそうした営業に重点をおいてきたことも確かです。

にもかかわらず、いまだに金融業界やマネー雑誌・インターネット上にあふれる情報では、「どの商品がいいか」の議論ばかりです。「この1年間での値上がり率上位のファンドはこれだ」「インデックスファンドがいい」「インデックスファンドよりもこのアクティブファンドがいい」「この商品は賞を受賞したからいい」――。

こうした議論は、ダイエット器具はどれを選べばいいのかという類と同じに見えます。「この器具が米国でいちばん売れている」「この器具ならテレビを見ながらやせられる」

「実際に、1か月で5kgやせた」といった宣伝をよく見ます。どれも事実なのだと思いますが、昔から絶え間なく新しい器具が出続けているところをみると、よい器具を使っても必ずしもダイエットにつながらないという現状があるのだと思います。私自身も、ダイエット器具は買うのですが、なかなかやせることができません。

なぜでしょうか。それは継続することができていないからです。何事もそうですが、道具選びよりも、それを継続することがむずかしいのです。価格変動のある金融商品は、ダイエット器具よりも継続することがむずかしい側面があります。それは日々刻々と世界情勢が変化するなかで、一時的にでも評価損が膨らむと心が折れてしまうからです。

では、コモンズ投信を活用しているお客さまは、なぜほとんどの方が資産を増やすことに成功しているのでしょうか。それは、①長期的な資産形成に適した投資信託を、②毎月の積立で購入し、③それを長く続けているからです。それだけなのです。詳しくはCHAPTER 1で説明しますが、2018年3月末現在での共通KPIで97・7%の方が利益を出し、その中身においても1割以上の利益が出ている方の比率が88・5%、3割以上の利益が出ている方が46・3%、5割以上の利益が出ている方も17・2%いらっしゃいます。97・7％という数値もさることながら、資産を大きく増やされている方が他の金融機関に比べるとダントツの比率になっているところが特徴です。

なんだ、ポイントはその3つだけか、と思われるかもしれませんが、積立投資を長く続けるのはなかなか大変です。ネット証券を利用して積立投資をされている方は多いのですが、平均積立期間は2年程度、1年間で約40％の方が投資を止めてしまうそうです。やはり途中で心が折れる方が多いようです。

なのに、コモンズ投信を活用している人は、なぜ投資を続けることができるのか。詳しくは本文で明らかにしていきますが、その前に、コモンズ投信の成り立ちと設立の想いを少し書かせてください。

「誰もが、長期的な資産形成が出来る長期投資のファンドを創ろう」

2008年秋、100年に一度の金融危機ともいわれたリーマンショック直後に、コモンズ投信は誕生しました。株式市場に留まらず、世界経済は真っ暗闇に突入した瞬間でした。そんな時代の転換点であったからこそ、30個のドットで構成されたコモンズ投信のロゴには、「親子が手を携え、子どもたちの時代をより良い社会にしていく、持続可能な社会を創ろう」という想いを詰め込みました。

こうして生まれたコモンズ投信は、投資信託の値上がりによる経済的なリターンのみならず、社会的なリターンも提供していくことによって、「お客さまが長く投資を続けられる」ための工夫をしてきたのです。それは、いま風の言葉を使えば「エモい（英語のemotionalを由来とした「感情が動かされた状態」などを意味する）」会社を目指ということでもあります。

本書がみなさまの長期的な資産形成の実現に少しでも参考になれば望外の喜びです。

２０１９年６月

伊井哲朗

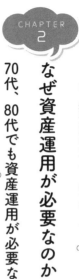

CHAPTER 3

投資で勝てる人になるための行動原理

CHAPTER 4

投資で勝てる人になるための習慣を身に付けよう

CHAPTER 5

コモンズ30ファンドはどんな企業に投資しているのか

※本文中の市場やファンドに関するデータは過去一定期間の実績であり、将来の運用成果を予想あるいは保証するものではありません。また、特定銘柄の売買の推奨、価格などの上昇や下落を示唆するものではありません。

装丁・ＤＴＰ／村上顕一

序章

平成の30年間の投資環境を振り返ってみる

SECTION 0-1

「株は上がるもの」とはいえなかった平成時代

平成に入ってすぐに日経平均株価が史上最高値をつけたが……

2019年5月1日から元号が平成から令和に変わりました。

私が証券会社に入社したのが昭和59年（1984年）のこと。以後、大手証券会社で支店営業、本社の企画部門でマーケティング・商品戦略担当、機関投資家向け債券営業などを経て外資系証券会社に転じ、法人営業、プライベートバンキング業務に従事した後、コモンズ投信を立ち上げ、現在に至っています。

社会人になって昭和、平成という2つの時代を経験し、これから令和がスタートしますが、改めて昭和、平成が投資家にとってどういう時代だったのかを、私が見てきた範囲で考えてみたいと思います。

昭和59年から昭和63年（1998年）は、まさにバブルの真只中でした。この間、日本の株式市場はバブル景気で沸きに沸きました。昭和61年（1986年）2月にはNTT株が上場し、個人投資家のすそ野拡大に一役買いました。

昭和59年4月の日経平均株価は1万1000円台でしたが、元号が平成に変わり、大納会（1989年12月29日）で日経平均株価が過去最高値を更新したときのそれは、3万8915円でした。証券会社の新人として支店営業をしている5年のあいだに、日本を代表する株価指数である日経平均株価は、優に3倍を超える値上がりをしたのです。

過去最高値を更新したときの証券市場の盛り上がり方はすさまじいものでした。年末の風物詩として多くのメディアは企業経営者や証券関係者に「来年の株価予想」を取材しますが、このときは、日経平均株価で5万円を超える、極端な方のなかには10万円を超えるという声も上がったほどでした。

しかし、良い時期はそう長く続きませんでした。年が明けると、株価は下落に転じました。

平成元年の大納会に3万8915円をつけた日経平均株価は、平成2年（1990年）3

月末には3万円を割り込み、2万9980円まで下落。その後、3万3000円台を回復して、持ち直すかに見えたのですが、平成2年（1990年）8月に生じたイラクのクウェート侵攻によって、同月末には2万9983円まで急落しました。

株価は一進一退が続いたものの、バブル崩壊の影響で金融機関の不良債権問題が持ち上がり、平成不況が深刻化するなかで、株式市場は極めて厳しい状況に追い込まれました。平成10年（1998年）9月末に日経平均株価は1万3406円まで下落。平成12年（2000年）3月末には若干、景気が回復したため2万円を回復しましたが、ITバブルの崩壊、さらなる金融不安の影響で、平成15年（2003年）3月末には1万円を大きく割り込む7972円をつけました。最高値をつけた平成元年（1989年）の年末から15年間で、株価は倍になるどころか約80％も値下がりしたのです。

その後、第二次小泉内閣のもと、日本の景気は再び回復へと向かい、平成19年（2007年）6月末の日経平均株価は1万8138円まで上昇しましたが、平成20年10月のリーマンショックによって世界的に株価が暴落すると、日本もそれに巻き込まれ、平成21年（2009年）2月末の日経平均株価は7568円まで下落。平成23年（2011年）3月には東日本大震災と福島第一原子力発電所事故が起きたこともあって、株価は1万円割れのまま長期低迷が続きました。この間、戦後の政治体制にも大きな変化が生じ、自民党が野に下って民主党政権が誕生するという動きもありました。

そして平成24年（2012年）12月に民主党政権が崩壊して自民党政権が復活。安倍政権が誕生すると、株価は回復基調をたどりました。日経平均株価は一時、2万4000円台を回復しました。

元号足でみると平成の日経平均株価は陰線だった

日経平均株価は平成に入ってすぐに最高値をつけた後、数年で2万円まで急落

図表 0-1 ● 平成 30 年間の日経平均株価推移

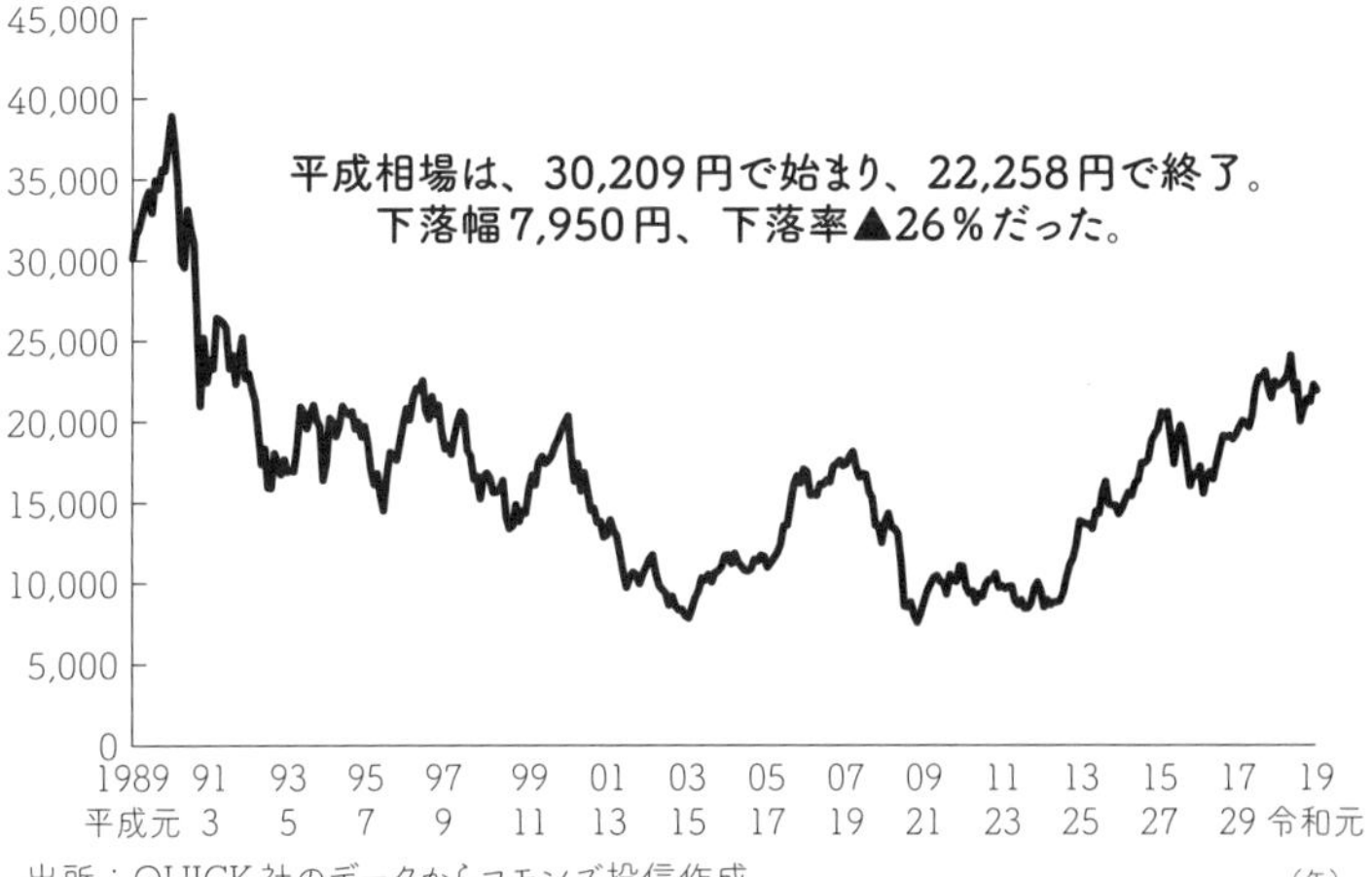

出所：QUICK社のデータからコモンズ投信作成

して以降は、ずっと7000円台から2万円のあいだで上下を繰り返してきました（前ページ**図表0－1**）。平成の30年間は、少なくとも国内株式市場にとっては、長く続く苦しい時期でした。

そして平成31年（2019年）4月26日は、2万2258円で終わりました。3万209円で始まり、一度たりとも過去最高値である3万8915円を抜くことができず、平成を元号足でみると陰線で、率にして26％のマイナスでした。もし平成のスタート時に日経平均株価を買っていたとしたら、30年間保有し続けたとしても26％のマイナスです。

それでも一時は最高値から80％近くのマイナスもあったわけですから、時期を区切ってみると、上昇相場もあったのは事実です。しかし、日経平均というインデックスでみると、日本の株式市場は、全体として「株を買って持っていれば儲かった」とはいえませんでした。株式市場にとっても企業にとっても平成は厳しい時代でした。

SECTION 0-2

個別企業をみれば何十倍にもその価値を増やしたところがある

良い企業の価値は長期的に着実に上がっていく

平成元年（1989年）に東証に上場していて、平成末まで上場を維持していた1287銘柄のうち、平成の約30年間における時価総額の増加率でトップに立ったのは日本電産でした（次ページ**図表0-2**）。※平成元年時点でまだ上場されていなかったソフトバンク・グループやファーストリテイリングは対象から外してあることに注意してください。

平成元年当時の時価総額は、わずか679億円。それが約30年後には、4兆7062億円にもなりました。なんと69・3倍です。

キーエンスもそれに比肩するほどの伸びを見せました。平成元年当時の時価総額は13

56億円。それが30年後の平成末には8兆4056億円で、62・2倍にもなりました。

以下、ピジョン、PALTEC、ケーズ・ホールディングス、ゴールドウイン、ヒューリック、シマノ、ユニ・チャームが、いずれもこの30年間で、時価総額を20倍以上に増やしました。それも含めて、時価総額が10倍以上に成長した銘柄の数は、全部で23あります。

日経平均株価が、この30年間で42・8％も下げた一方で、時価総額が10倍、20倍、30倍、あるいは60倍以上にも成長した企業が、実はあったのです。投資のリターンを高めるためには、企業の中身、

図表0-2 ● 平成30年間の時価総額増加率のトップ3

	銘柄名	昭和末 時価増額	平成末 時価総額	増加倍率
1位	日電産	679億円	4兆7,062億円	69.3倍
2位	キーエンス	1,356億円	8兆4,053億円	62.0倍
3位	ピジョン	120億円	5,736億円	47.9倍

●コモンズ30ファンド保有銘柄　5倍以上銘柄8社

・ユニ・チャーム（20倍）　・ダイキン（15倍）　・SMC（14倍）
・東京エレクトロン（12倍）　・信越化学（9倍）　・堀場製作所（8倍）
・資生堂（8倍）　・マキタ（6倍）

出所：QUICK社のデータからコモンズ投信作成

つまり「経営力」、「競争力」、「財務力」といった点をしっかり見つめ、本当に良い企業を抽出し、選別投資することが大切なのです。

もちろん、それが「言うは易し」であることは、私自身もわかっているつもりです。平成元年（1989年）当時の日本電産やキーエンスは、まだまだ成長が始まったばかりです。その後、長期にわたって成長を続け、時価総額が60倍以上になるなどとは、おそらくほとんどの株式市場関係者にも見えていなかったと思います。

また、平成元年の時点で日本電産やキーエンスに投資していたとしても、時価総額が60倍以上になるところまで持ち続けられた投資家は、ほとんどいないでしょう。きっと株価が倍になった時点で、「もう十分に儲かったから売ろう」となるのが普通です。ましてや株価が5倍になったら、大半の投資家はほぼ確実に利益確定を目的に売却するはずです。

市場全体の動きに惑わされず、「森を見ず木を見る」厳選投資が大切

前述のとおり、平成はむずかしい時代でした。バブルの後遺症に長らく日本経済は苦しみました。金融危機から金融機関の再編が進み、その過程では産業界に潤滑な資金が流れ

にくくなり、企業側はデフレにも悩まされました。一方で企業を取り巻く世界の環境は激変し、中国、インド、ブラジル、ロシアなどの新興国が次々と台頭し、グローバル化が進みました。さらに、平成の時代はインターネットが出現した時代でもあり、デジタル化が加速度的に進みました。まさに、「平成は激動の時代だった」といえるでしょう。

そんな時代でも一握りの企業は大きく飛躍したわけです。**図表0－3**で平成の約30年間での企業の株式時価総額の増減率を見てみると、全体の約6割にあたる781社は企業価値を減らしています。日経平均株価がこの間26％下落している

図表 0-3 ● 平成 30 年間の時価総額増加倍率と社数

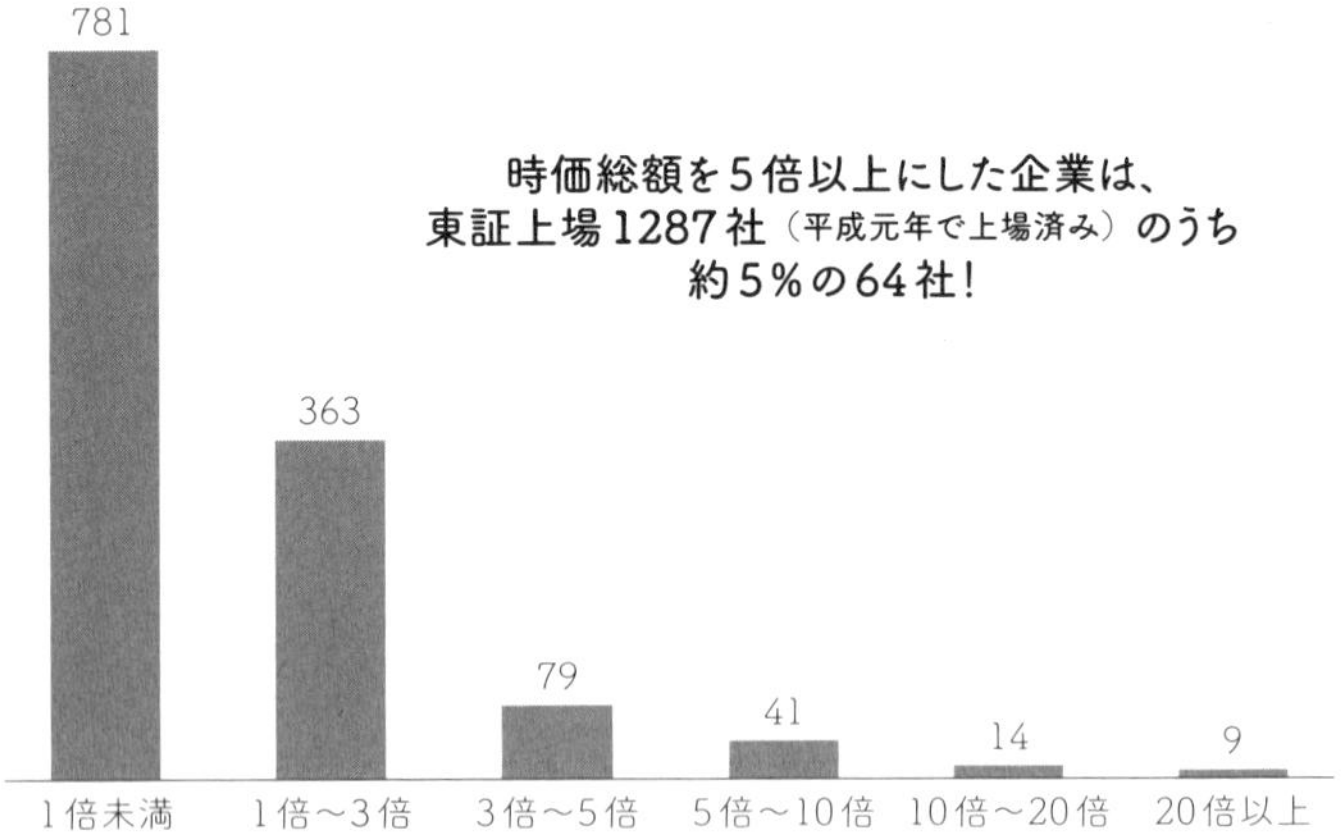

出所：QUICK社のデータからコモンズ投信作成

ので無理もありません。しかし、全体の約5％にあたる64社は時価総額を5倍以上にしています。どんなに厳しい時代でも、一握りの企業はビジネスチャンスを見つけ、大きく成長していきます。

仮に平成が始まるタイミングで日経平均株価に連動するインデックスファンドを購入していたとすると、平成の終了時には26％のマイナスという結果になっていたわけですが、同じタイミングで日本電産やキーエンスをはじめ大きく成長した企業だけに厳選投資することができたとしたら、日本株投資でも資産を数倍に増やすことができていたことになります。

ちなみに、私たちコモンズ投信のコモンズ30ファンドは、平成21年（2009年）1月から運用を開始した、投資先も30銘柄程度に厳選投資する長期投資ファンドですが、この平成の時代に株式時価総額を5倍以上にした64銘柄中、8銘柄に約10年間投資し続けることができています。平成の30年間で20倍になったユニ・チャーム、15倍になったダイキン、13倍になったSMC、11倍になった東京エレクトロン、9倍になった信越化学、8倍になった堀場製作所、5倍になったマキタです。途中売却となりましたがピジョン、ケーズ・ホールディングスにも投資をしていました。

いくら厳しい時代でも、市場全体の動きに惑わされず、個別に成長する一握りの企業を厳選して投資をすることは可能だということです。

一般に企業価値をいちばん端的に現すのは株式時価総額だといわれます。この企業価値というものは、企業買収をすることで時間をかけずに大きくすることも可能ですが、一般的には一朝一夕に大きくできるものではありません。企業価値は、経営者と従業員が血のにじむような努力をして、少しずつ積み上げていくものです。そして企業価値を創造し続けられる企業に投資すれば、長期で資産を大きく増やすことができるはずです。

つまり、どんな時代でも事業を取り巻く外部環境の変化をも乗り越えられる一握りの企業を見つけ、その企業の長期的な成長に寄り添う長期投資ができてこそ、大きな資産をつくることができるのです。これが本格的な長期投資の醍醐味です。

CHAPTER 1

97・7％の人が儲かっている投資信託の秘密

SECTION 1-1

買った人の97・7%が儲かったって本当？

金融庁からの要請で各金融機関が発表した数字

「買った人の97・7%が儲かっている投信会社です」などと言うと、「ウソだ！」という声が返ってきそうですね。

そのくらい、「投資信託を買って損をしている」という人は多いと思います。

一方で、「投資信託の選び方」「老後に向けた資産形成」、あるいは「1億円はこうしてつくる」といったハウツー本は昔からたくさん出ていますし、SNS上でのコメントも乱立しています。それでも、みなさんが上手くいかないのはなぜでしょう。

これと似た光景は他の分野でも見受けられます。たとえば、ダイエットのハウツー情報です。糖質ダイエットもカロリー制限ダイエットも体質改善トレーニングもそれぞれに正しいと思いますし、こうした情報は乱立しています。それでも、ダイエットに成功している方は多くないのではないでしょうか。

つまりハウツー本を読んで、良い投資信託を購入したから資産が増えていく、良いダイエットサプリを買ったから、あるいは有名なジムに入会したからダイエットが上手くいく、というものでもないのです。

どちらも成果につなげるためには、「始めること」と「続ける」ことこそが重要だと思っています。投資も続けなければ成果は出にくいですし、ダイエットも同様です。もちろん、始めなければそもそも成果は出ません。しかし、これまでの情報はハウツーが主体で、それを続けるためのヒントは紹介されていません。

さて、ここからが本論です。では、コモンズ投信でファンドを購入されている方のほとんどが利益を出している秘密は、どこにあるでしょう。

実は、コモンズ投信が設定・運用している投資信託が、他の投資信託に比べて、圧倒的に運用成績が良いというわけではありません。そんな魔法のような投資信託は、そもそも存在しません。

それでも、なぜ97・7%の人が利益を得ているのかということを、本書を通じて明らかにしていきます。きっと読者のみなさまの資産形成のヒントになるはずです。

さてその前に、冒頭の「97・7%」とは何の数字なのかということから、話を始めてみましょう。

金融庁は2017年3月、「顧客本位の業務運営に関する原則」というものを公表しました。お客さま本位の業務運営はどの業界でも当たり前のはずですが、これまで金融業界はそれを怠ってきたことを指摘し、国民の安定的な資産形成を図るためには、インベストメント・チェーン（顧客・受益者から投資先企業へと向かう投資資金の流れ）において、改めて各金融機関がそれぞれの役割を認識し、顧客本位の業務運営に努めることが重要としています。

そのためには、何をどうすることが「顧客本位」なのかということを、金融機関に示させなければなりません。そうしたことから、各金融機関は業務運営を客観的に評価できるようにするためにKPI（Key Performance Indicator：成果指標）を公表するようになったのですが、あくまでも個別金融機関ベースのKPIだったため、一般の人たちには何のことかさっぱりわからないし、金融機関別の比較もできないということで、世間的にはほとんど話題になりませんでした。

そこで2018年6月、金融庁は長期的にみてリスクや手数料に見合ったリターンがどの程度生じているのかを「見える化」するため、「比較可能な共通KPI」を公表してくださいと、各金融機関に要請しました。そこで打ち出された共通KPIとは、以下の3点です。

①運用損益別顧客比率
②投資信託預り残高上位20銘柄のコスト・リターン
③投資信託預り残高上位20銘柄のリスク・リターン

このうち①の運用損益別顧客比率が、メディアでよく取り上げられている数字です。これは、証券会社や銀行、コモンズ投信のような投資信託の直接販売を行なっている投資信託運用会社に口座を持っている個人のお客様を対象にして、「毎年3月末時点で保有している投資信託の損益状況を調べ、利益が出ているお客様が何%いるのか」を示したもので、2018年12月末時点で103の金融機関が共通KPIを公表しました。

コモンズ投信の場合、2018年3月末時点で97・7%という数字が出ていますが、これは全顧客のうち97・7％の人の損益状況がプラスであることを意味しています。

97・7％の数字を細かく見ると……

運用損益別顧客比率について、上位5社は次のようになりました（小数点以下は四捨五入してあります）。

コモンズ投信……98％
レオス・キャピタル・ワークス……91％
セゾン投信……85％
丸三証券……79％
ソニー銀行……78％

2018年3月末の数字は、全部で96の投資信託販売金融機関が公表しました。上位18社の数字は**図表1－1**のとおりです。

図表 1-1 ● 共通 KPI ①運用損益別顧客比率（投資信託、上位 18 社）

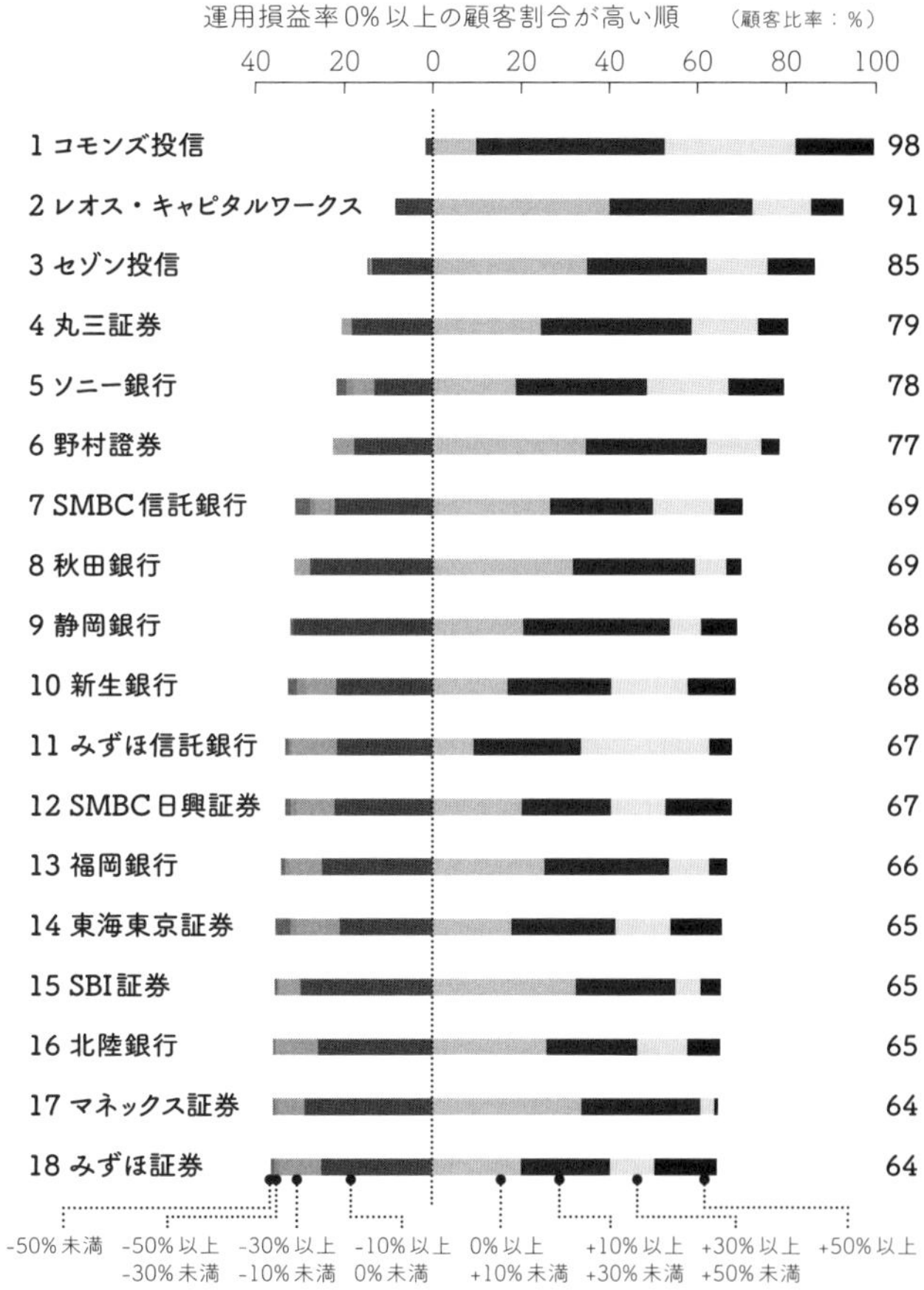

注1　基準日は18年3月末
注2　18年12月末までに、金融庁に報告があった金融事業者（96先）の公表データを集計（単純平均）
注3　各業態の右端のパーセンテージは、運用損益率0%以上の顧客割合（小数点以下四捨五入）
出所：金融庁

共通KPIを公表したのは銀行や証券会社といった金融機関ですが、そのなかに投資信託運用会社が入っているのは、いずれも自社の投資信託の直接販売を行なっているからです。

さらに、この運用損益を業態別にみると**図表1－2**のとおりです。

上位3社はすべて自社が運用している投資信託を自ら販売する「直接販売」という販売方式を行なっている投資信託運用会社です。「運用益プラス顧客比率」を上位からみると、業態別では、直販投信、ネット系証券会社、次に大手銀行や地銀と続き、最後が対面で営業を行なう

図表1-2 ● 投資信託の運用損益率（業態別）

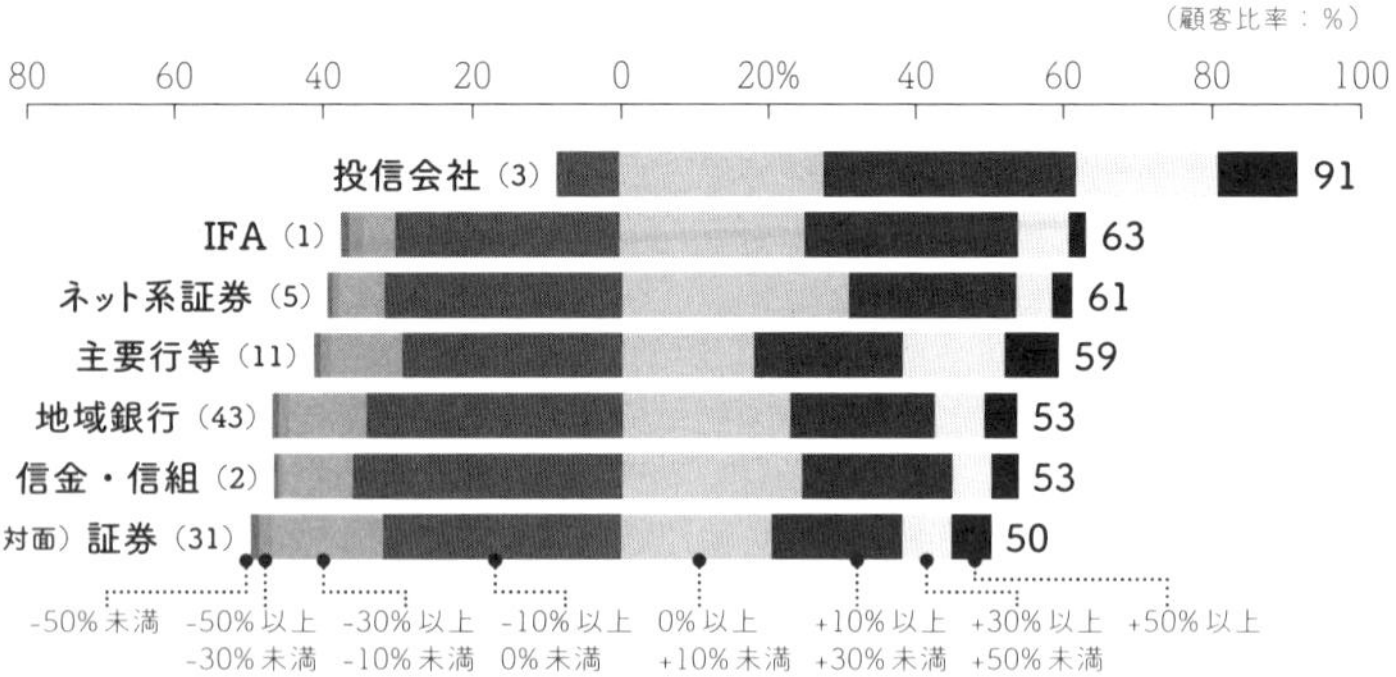

注1　基準日は18年3月末
注2　18年12月末までに、金融庁に報告があった金融事業者（96先）の公表データを集計（単純平均）
注3　各業態の右端のパーセンテージは、運用損益率0%以上の顧客割合（小数点以下四捨五入）
注4　各業態の右側の（）内数値は、公表先数
出所：金融庁

証券会社という順になっています。メディアは厳しいので、「主要銀行の顧客の半分が損失」との見出しで、その営業姿勢を批判する論評になっていました。
一方、この数字に関して、金融業界では賛否両論でした。

上位3社以外の銀行、証券会社といった販売金融機関は、数多くの投資信託を販売しています。扱っている投資信託の本数が増えれば増えるほど、なかには運用成績の悪いものも含まれるので、1本、あるいは2本程度の本数しか扱っていない直販投資信託運用会社の数字と単純比較はできない、という声もありましたし、2018年3月末における保有者だけを対象にするのであれば、それ以前に、損失を被っている顧客が持っている投資信託を解約させることによって、数字はいくらでも見栄えをよくできるといった意見もありました。

しかし、もし運用しているたった1本の投資信託の運用成績が非常に悪かったとしたら、いくら直接販売の投資信託運用会社でも、上位に名を連ねることはできないでしょうし、数字をつくりにいくなんてこと自体、言語道断です。共通KPIは、そうした些末なことを議論する以前に、これまでまったく見えなかった顧客の損益状況を、金融機関ごとに見える化したところに価値があると考えるべきでしょう。

図表 1-3 ● 投資信託の運用損益別顧客比率（96社合算ベース）**と コモンズ投信のデータの比較**

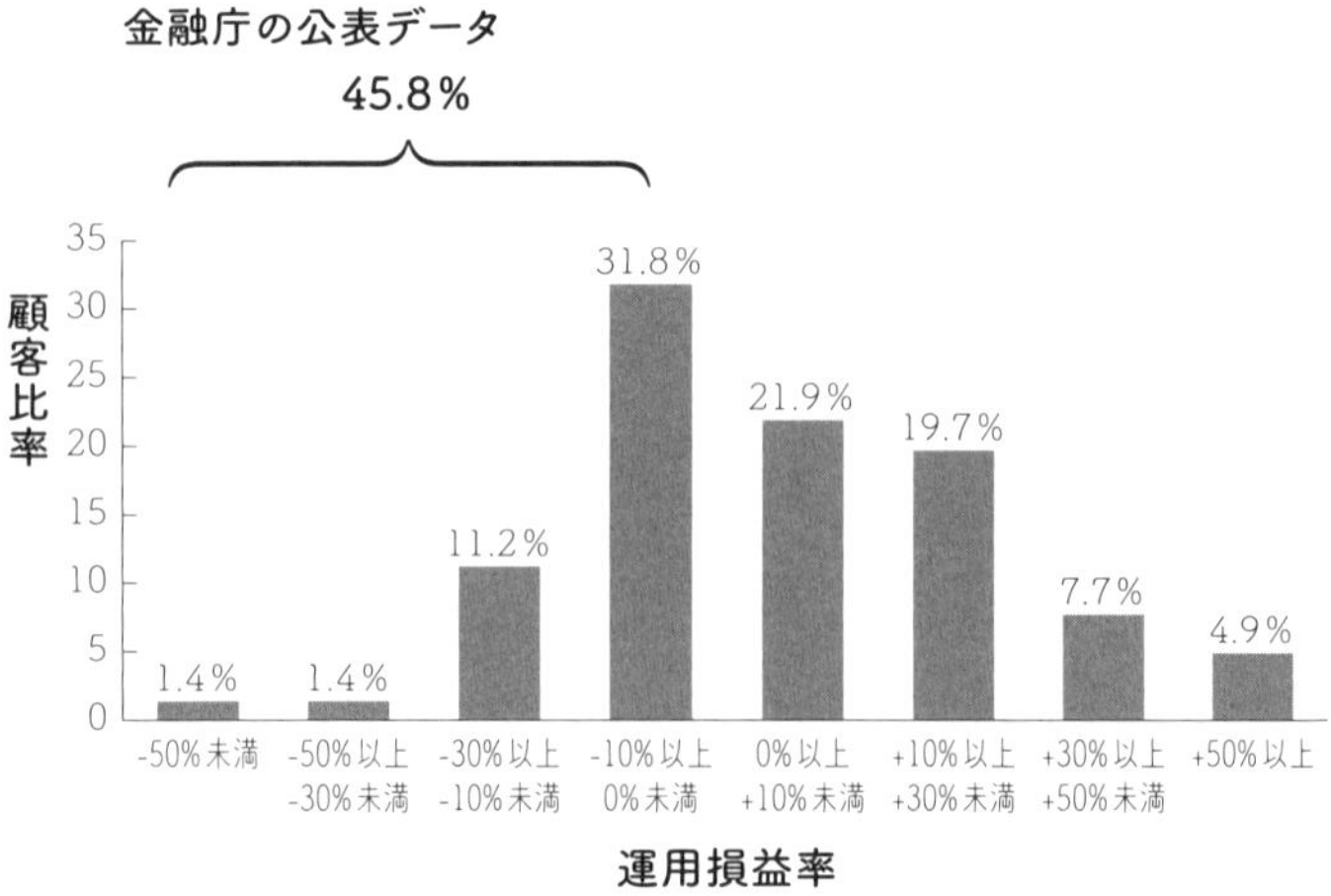

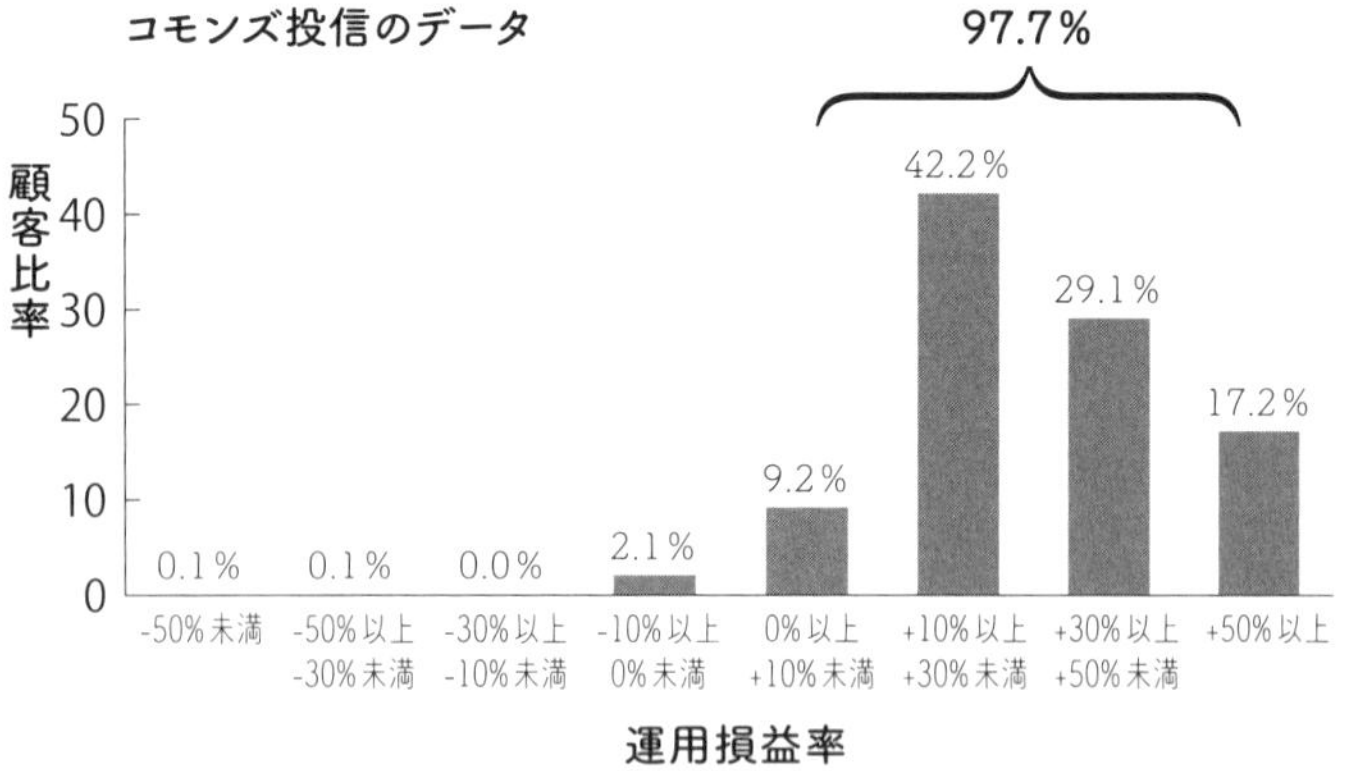

注1　基準日は18年3月末
注2　金融庁の公表データは、18年12月末までに金融庁に報告があった金融事業者（96先）の公表データを集計（単純平均）
出所：金融庁、コモンズ投信

次に、運用損益別顧客比率を、リターンの水準別に見るとどうなるでしょうか（**図表1－3**）。

こちらのグラフは、共通ＫＰＩを公表した96社（コモンズ投信含む）の運用損益別顧客比率とコモンズ投信での同比率をグラフ化しています。業界全体では、45・8％の方がマイナスだったのに対し、コモンズ投信ではマイナスの方はわずかに2・3％。また、プラスの利益が30％以上出ている方が業界全体では12・6％だったのに対し、コモンズ投信では、半数近い46・3％に達しています。

この違いはどこからきているのでしょうか。もう少しコモンズ投信の内部データをご紹介してみましょう。

次ページ**図表1－4**はお客さまの口座開設年別の損益状況比率（コモンズ投信が運用を開始した2009年以降）をグラフ化しています。単純にいえば、2018年3月末時点で投資信託を保有されている方が、いつから投資を始めているのかというデータでもあります。このグラフからは、2016年までに投資を始めた方＝3年以上投資を続けている方のほとんどがプラスになっていることがわかります。

さらに付け加えると、コモンズ投信のお客さまの約79％の方は毎月一定額を積み立てで投資をされていますので、「3年以上積み立てで投資をされている方は、ほぼ全員が、この時点で運用損益がプラスになっていた」というわけです。具体的にどの程度のプラスになっているかについては、**図表1－5**をみてください。

また、運用商品が優れているのかどうかを示す代表的な指標も、先の共通ＫＰＩの②にあるリスク・リターンで公表されています。

ここでは具体的なグラフは割愛してポイントだけ説明しますと、商品を運用したときのリスクに対してどれだけのリターンを得ることができたかを示すシャープ・レシオが比較されました。リスクを

図表1-4 ● 口座開設年別損益状況分布（数字はプラス顧客の比率）

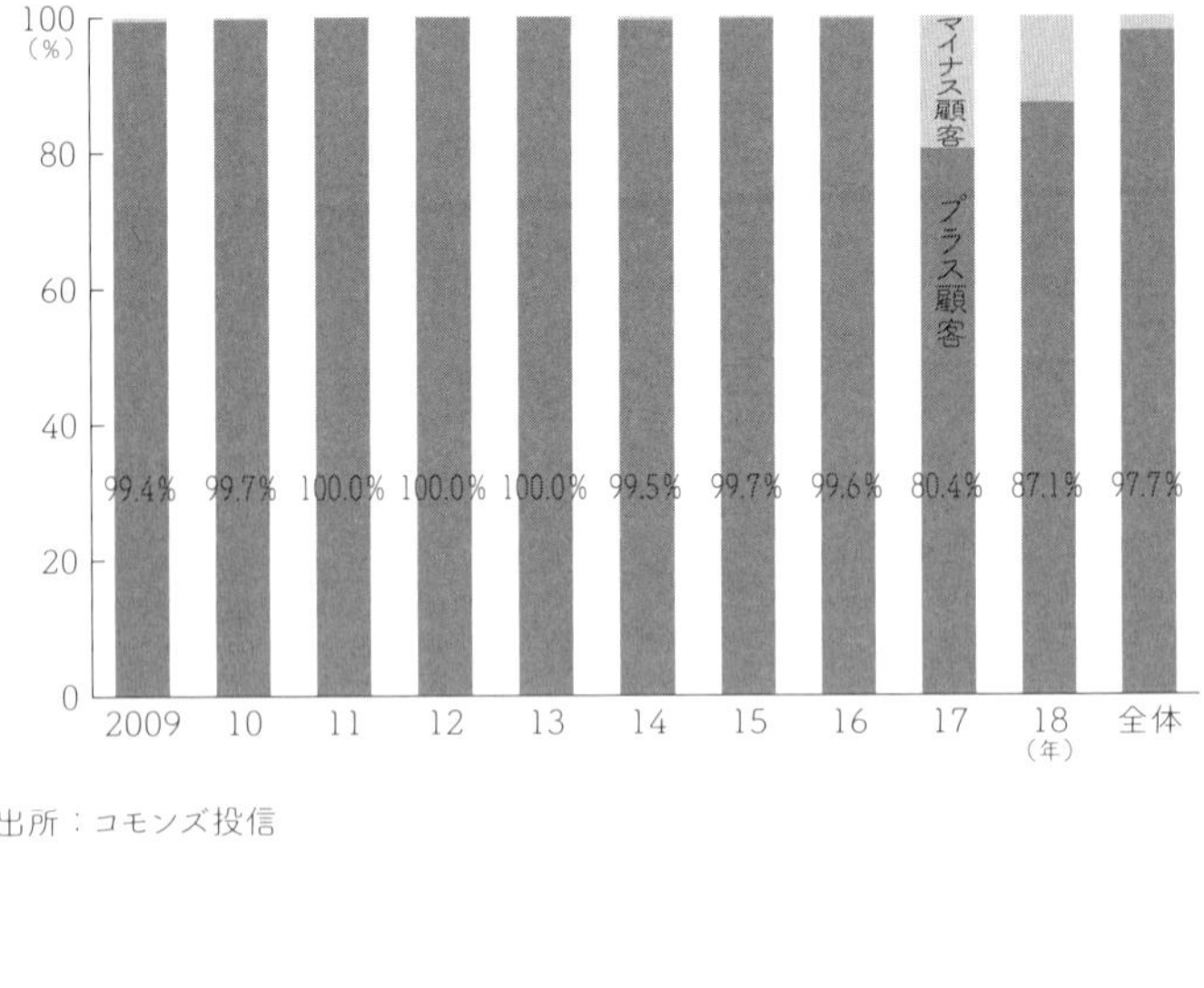

出所：コモンズ投信

図表1-5 ●「コモンズ30ファンド」の5年保有リターンの推移
（2009年1月~2014年3月）

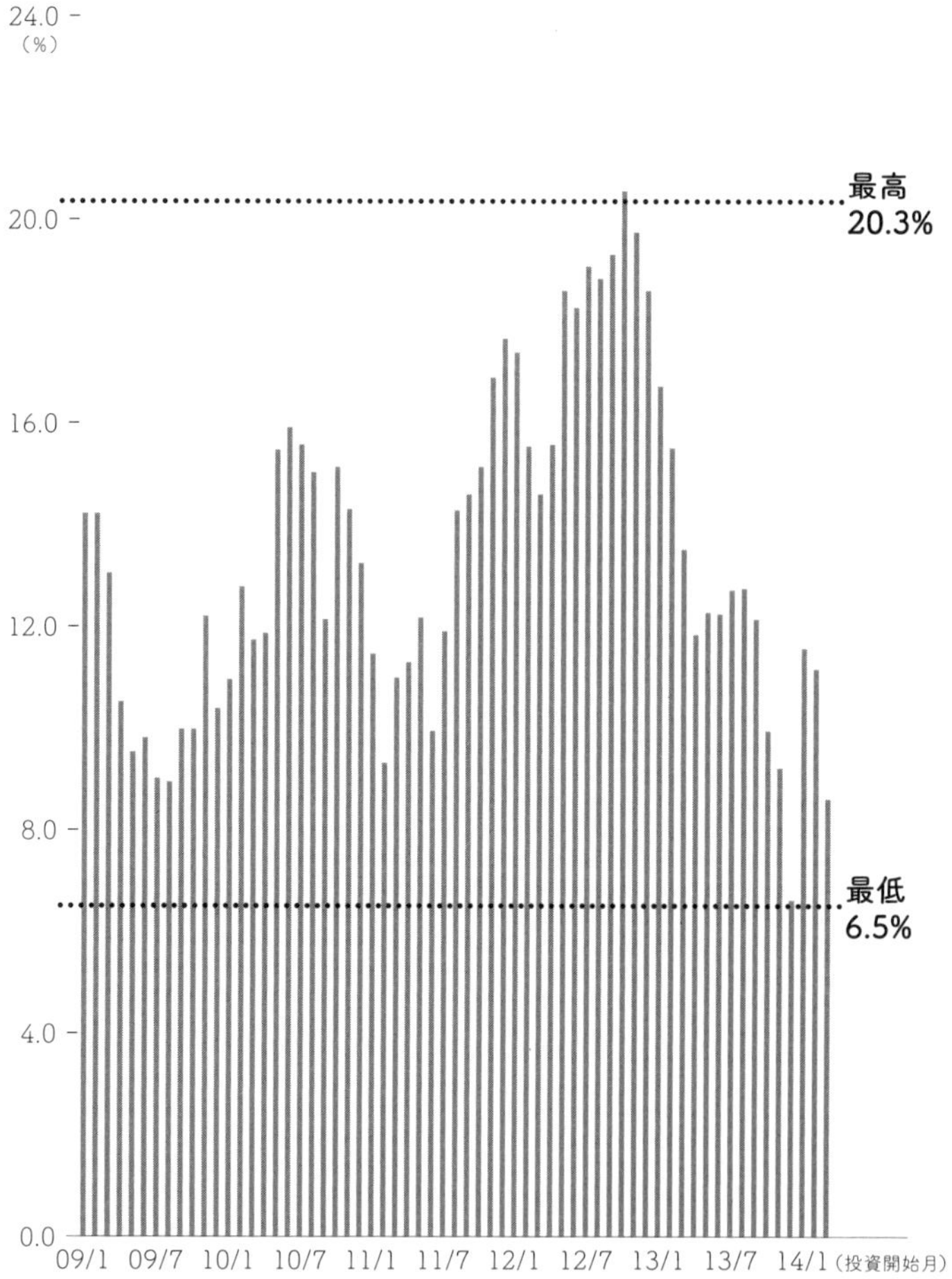

※コモンズ30ファンドを毎月末に投資を開始し、5年保有した場合の年率リターン。
出所：コモンズ投信

抑えて高いリターンを出すファンドが良い商品となりますのでシャープ・レシオが高いほど良い商品となります。また、共通ＫＰＩを金融庁が分析した資料には、このシャープ・レシオに加えて、コスト・リターンも分析されています。コストが低くてリターンが高い商品が良い商品となります。金融庁はこのリスク・リターンとコスト・リターンを分析した結果として、『業態別に見ると、相対的に、銀行や対面の証券会社は高コストでシャープ・レシオのブレ幅が大きい。他方、直販を行っている投信会社やネット系の証券会社は、低コストでシャープ・レシオは高位に集中』とコメントしています。つまり共通ＫＰＩの②でも、共通ＫＰＩの①で上位に名を連ねた会社が提供した商品は相対的に高いことがわかりました。

すなわち、投資信託で一定のプラスのリターンを上げている人たちに共通していることを一言で申し上げると、「運用効率の良い商品を使って、長く投資を続けてきた人」たちです。それも一度にまとまったお金でドカンと投信を買った人ではなく、毎月コツコツと積立購入を続けてきた人が、高いリターンを得ているということです。

SECTION 1-2

長期的な資産形成には積立投資が適している

積立投資にはメリットが多い

なぜ積立投資なのでしょうか。それは、長期的な資産形成を行なうにあたり、積立投資が適しているからです。

たとえば、40代から50代の私の友人たちと話をすると、いまに至って、結局、まとまった資産になっているのは、財形貯蓄や従業員持ち株会、確定拠出年金だったという声が多く出てきます。株式や投資信託などの「売買」では、一時的に利益が出たとしても、しっかりとした資産形成にはならなかったというのです。これは、①毎月、貯蓄や投資にまわす仕組みができていて、かつ、②簡単には引き出せないことによって時間を味方にした資産形成ができる、ということが有効だったというわけです。つまり、体験的にも「時間をかけた積立投資」が有効だったと社会人の諸先輩は振り返ります。

ここでいう積立投資は、毎月同一金額で積み立てるのが原則です。たとえば2万円ずつ積み立てると決めたら、よほどのことがない限りは2万円の積み立てを継続するようにします。「今月は飲み会が多くて、お金が足りないから1万円にしておこう」などと勝手に減額したり、「今月は赤字だから積立しない」などと休止したりしてはいけません。毎月、淡々と積み立てていくことが、この投資法のキモになります。

積立投資の一つ目のメリットは、無意識のうちに資産が増えることです。投資信託の積立投資は、基本的に銀行など指定した口座から自動的に引き落とされます。自動引き落としによる積立投資だと、いちいち自分の財布の中身と相談する必要がないので、「2万円で投資信託を買い付けた」ことを、あまり意識せずに済みます。意識すると余計なことをしてしまうので、積立投資がスタートしたら、あとは放っておいたほうがいいくらいです。長く続けていれば、いつの間にか200万円、400万円というように、まとまった資産が貯まっていくでしょう。

また、積立投資にはもう一つ、「ドルコスト平均効果」が期待できることもメリットといえます。

ドルコスト平均効果とは、前述したように毎月同一金額で買い続けていくから得られる効果です。具体的に事例を挙げて説明しましょう。

これから手元の10万円で投資信託を買い付けるとしましょう。いまの基準価額は1万口あたり1万円です。これを一括して一度に買うか、それとも1万円ずつ10回に分けて買うかによって、どのような違いが出るでしょうか。ちなみに1万口あたりの基準価額は次のように推移してきたとします。

1月　1万円
2月　1万1000円
3月　9500円
4月　8000円
5月　8500円
6月　8700円
7月　7900円

8月　8200円
9月　9500円
10月　1万1000円

1月に、1万口あたり基準価額1万円で一括購入した人は、10万円で10万口を買い付けたことになります。10月時点の1万口あたり基準価額は1万1000円ですから、1口あたり基準価額は、1万1000円を1万口で割って求められた1・1円です。1・1円のものを10万口持っているわけですから、10月時点の評価額は11万円になります。

では、毎月1万円ずつ積み立てた場合はどうなるでしょうか。この場合、各月の買付口数を計算する必要があります。これは、各月の積立金額である1万円を、1万口あたり基準価額で割って求められた数字に1万を掛けると計算できます。すると次のようになります。

1月　1万口
2月　9090口
3月　1万526口

4月　1万2500口
5月　1万1764口
6月　1万1494口
7月　1万2658口
8月　1万2195口
9月　1万5226口
10月　9090口

合計の買付口数は10万9843口になり、一括購入したときに比べて9843口も余計に買えたことになります。この口数に、10月時点の1口あたり基準価額である1・1円を掛けると、12万827円になります。つまり、一括購入した場合に比べて、1万827円も余計に利益を得たことになります。

なぜ、このようなことが起こったのでしょうか。それは、毎月の購入口数を見ればわかると思います。

たとえば7月の1万口あたり基準価額は7900円まで下落しましたが、買付口数は1

万2658口と大きく増えています。逆に、2月や10月のように基準価額が1万1000円まで値上がりしたときの買付口数は、9090口に減っています。

このように、毎月同一金額で積立投資を続けていくと、基準価額が安いときに買える口数は多くなり、基準価額が高い時に買える口数は少なくなります。これは投資に大切な逆張りができていることを意味します。また、よく言われる高値づかみにはならない仕組みでもあります。

そもそも投資は、短期であれ長期であれ、購入した価格よりも高く売らなければ利益にはつながりません。定額の積立投資は、価格の安いときには量を多く買い、高いときには少ししか買わない手法を自動的に実行できる仕組みです。これを自動的でなく自身の判断で行なうことは実は、意外とむずかしいものです。一般的には、人気が出ているときは買いやすく、人気がないときは買い難いものですが、この人気が出ているときに買い、人気がないときは買わないという順張り手法では、なかなか利益を出すことができません。なぜなら、人気があるときの価格は高く、人気がないときの価格は安いからです。メディアの論調も、相場が良いときは加熱気味に、相場が悪いときにはより悲観的になるものです。そう、メディアや評論家も順張りなのです。こうした順張りの雰囲気から距離をおくことができ、自動的に逆張りを継続できることが、積立投資の大きなメリットなのです。

もちろん基準価額が一直線に上昇し続ければ、買える口数がどんどん減っていくため、このような効果は得られないのですが、投資信託の基準価額（その元となる投資先企業の株価）は通常、値上がり、値下がりを繰り返しているため、長く続けていくうちに、一括で買ったときに比べると、口数が増えるケースのほうが多く、結果として、シミュレーションでお見せしたように、有利な買い方になる場合が多いのです。

注意点をひとつだけ申し上げておきましょう。

積立投資はたしかに有利な買い方と言われますが、それは「長く続ける」ことによって初めてメリットを得られるものです。積立投資を始めたものの、1年程度で終わらせてしまったら、ほとんど効果は得られません。ドルコスト平均効果を高めるためには最低でも5年、できれば10年超という長期にわたって積立投資を続けることが大切です。それによって効果は大きくなります。

そのためには月々の積立金額を、自分にとって無理のない金額にする必要があります。たとえば月収30万円の人が毎月10万円も積立投資にお金を回すのは、明らかに無理があります。無理を続けると途中で続かなくなり、結果的に積立投資の効果が表れる前に止めてしまうことになりかねません。最初は少額でもいいので、長く続ける習慣をつけるようにしましょう。

成績の良いファンドを選べば良いリターンが得られるわけではない

積立投資は長く続けてこそ意味があるのは、これでおわかりいただけたかと思います。

次の問題は、どのようなファンドで積立投資をするか、ということです。みなさんは投資信託を選ぶときに、どういう視点で選びますか。

投資信託は預貯金と違い、ファンドによって運用成績が異なりますし、将来のリターンは確約されていません。となると、やはりメディアなどで「優れた運用をしている」、「運用成績が高い」、あるいは「多くの人が購入している人気商品」といわれているファンドを選んでしまいがちです。

実際、数多あるファンドのなかには、一定の期間、とても高い運用成績を上げているものがあります。

しかし、そういうファンドを買った受益者がみんな大きなリターンを得ているのかというと、実は違うのです。

たとえば3年間で基準価額が倍になったファンドがあるとしましょう。100万円で買ったものが3年間で200万円になるわけですから、年平均で33％のリターンです。少なくともこの3年でみれば、非常に優秀な運用が行なわれたといってもいいでしょう。

ただ、このファンドを買って年平均33％のリターンを得るためには、3年にわたって一度も解約することなく、ずっとこのファンドを持ち続けなければなりません。

しかし、投資家のなかには100万円が110万円になったところで解約してしまう人もいるはずです。

あるいは100万円が140万円まで増えた後、基準価額が下落して105万円になってしまい、「もうこれ以上の値下がりは耐えられない。せっかくの利益がどんどん減ってしまう」と思って解約してしまう人もいるでしょう。投資信託はいつでも購入、解約ができるため、投資家によって購入時の基準価額、解約時の基準価額はバラバラです。前述のように、100万円が200万円になるまで持ち切れた人は、年平均33％のリターンが得られたわけですが、100万円が110万円になったところで解約した人のリターンは10％ですし、100万円が140万円になった後、105万円まで値下がりしたところで解約した人は、一時は40％もの高いリターンを享受できたのに、結果的には5％のリターンにとどまってしまいます。

要するに、100万円が200万円まで値上がりする途中経過において、日々、基準価額が上下するため、そこにさまざまな思惑が生じ、本来なら得られたはずのリターンを取り逃がしてしまった投資家も結構いるはずなのです。

雑誌記事やインターネットの投資信託情報サイトを見ると、過去1年間、過去3年間というように、一定期間における基準価額の騰落率をランキングした表が掲載されていたりします。たとえばモーニングスターのサイトを見てみましょう。「ファンドランキング」として、月末時点の騰落率ランキングが掲載されています。

ちなみに2019年4月末時点における過去10年間の騰落率ランキング（国内株式型）によると、1位はアセットマネジメントOneが設定・運用している「DIAM新興市場日本株ファンド」で、その騰落率は年平均32・92％でした（**図表1-6**）。10年間で年平均32・92％ということは、10年間で329・2％も上昇したことになります。

ただ、これも10年という長期にわたって保有し続けたらどうなったかという話であり、途中で解約してしまった人が実際に得たリターンは、これとはまったく異なる数字になり

図表1-6 ● 過去10年間の騰落率ランキング（国内株式型投資信託）

順位	ファンド名	会社名	リターン（年率）	純資産額（百万円）
1	DIAM新興市場日本株ファンド	アセマネOne	32.92%	13,044
2	SBI中小型割安成長株F ジェイリバイブ『愛称：jrevive』	SBIアセット	23.98%	13,793
3	日本新興株オープン	日興	23.58%	19,449
4	J-Stockアクティブ・オープン	三井住友DS	23.53%	1,925
5	SBI小型成長株ファンドジェイクール『愛称：jcool』	SBIアセット	22.89%	14,080
6	大和住銀 日本小型株ファンド	三井住友DS	22.58%	9,187
7	MHAM新興成長株オープン『愛称：J-フロンティア』	アセマネOne	21.80%	87,782
8	小型株ファンド『愛称：グローイング・アップ』	明治安田	21.52%	32,559
9	マネックス・日本成長株ファンド『愛称：ザ・ファンド@マネックス』	アセマネOne	21.14%	5,513
10	三井住友・中小型株ファンド	三井住友DS	21.09%	21,751
11	日興 グローイング・ベンチャーファンド『愛称：グローイング・ベンチャー』	日興	21.03%	24,422
12	スパークス・M&S・ジャパン・ファンド『愛称：華咲く中小型』	スパークス	20.82%	21,471
13	SBI中小型成長株F ジェイネクスト『愛称：jnext』	SBIアセット	20.52%	7,484
14	新成長株ファンド『愛称：グローイング・カバーズ』	明治安田	20.39%	88,331
15	新光 小型株オープン『愛称：波物語』	アセマネOne	19.37%	2,555
16	ジャパニーズ・ドリーム・オープン	三菱UFJ国際	18.93%	13,170
17	スパークス・ジャパン・スモール・キャップF『愛称：ライジング・サン』	スパークス	18.91%	4,513
18	いちよし公開ベンチャー・ファンド	三菱UFJ国際	18.66%	1,201
19	JASDAQオープン	三菱UFJ国際	18.63%	2,929
20	Jオープン（店頭・小型株）	三菱UFJ国際	18.27%	6,188

※2019年4月末時点
出所：モーニングスター

ます。

何を言いたいのかというと、投資信託という資産運用手段を用いて、長期的な資産形成をしたいと思うなら、長く持ち続けるのが正解だということです。きちんとした商品を長期で持ち続けることができれば、わざわざ高いリスクをとって高いリターンを狙いにいかなくても、そこそこ満足のいく程度に、資産を増やせる可能性が高まるのです。

大事なのは、そのファンドが過去にどの程度のリターンを上げてきたかということではなく、そのファンドを買った人が実際にどの程度のリターンが得られたかということです。この点をはき違えないようにしてください。

ファンドの運用成績は、お客さまとの二人三脚でつくられる

投資信託の運用成績を高めるためには、運用側の日々の努力の積み重ねが欠かせませんが、さらに受益者となるお客さまの協力が加わると最強です。たとえば、相場が過熱してきたと運用者側が判断しているときに大口の購入資金が入ってくる、また、運用者側がさすがにここまで下がればボトム（底値）と判断しているときに大口の解約が入ってくるなど、

運用者の考えと逆の資金の出入りがあると運用者の頑張りは相殺されていきます。一方で、その逆の場合は運用者の頑張りが運用成績にもより反映されていくことでしょう。

当社のような長期投資のファンドに、短期的な出入りの激しいお金ばかりが集まってしまうと、良い結果にはつながりにくいですし、逆に解約の少ない積立投資が中心であれば長期投資に腰を据えて取り組むことができますので、運用成績にもプラスに働きます。

また、突然大きな資金流入が生じるのも、実は解約と同様、運用する側としてはあまり望ましいことではありません。

ファンドの規模が大きくなることは、その商品が世間に評価されているということですし、もちろん運用会社にとっての収益も増えるので、運用者としては嬉しいことです。しかし、たとえば300億円規模だったファンドに、短期間のあいだに1000億円単位のお金が入ってきたら、運用先に困ってしまいます。

もちろん、ファンドを設計する段階で、最大運用資産規模は想定していますが、突然、大きな運用資金がドンと入ってきてしまうと、自分たちの買い注文で投資先の株価が飛ばないように配慮したうえで、どの銘柄にどの程度の比率で投資するのかを決めるまで、その大きな運用資金が遊んでしまうことになります。結果として、ファンドの投資効率が下がってしまうのです。海外では、「あなたの実力がいちばん発揮できるファンドの規模はどれくらいまでですか？」というのは必ず質問される重要な事項です。

このように運用商品について最も重要なことは、運用者側と受益者＝お客さま側との意思を一体としていくことです。コモンズ投信は、お客さまの声を企業に届けることもしています。実質的な株主であり消費者であるお客さまの声は、企業が企業価値を高めていくためにもとても大切だと考えているからです。長期投資のファンドには、長期的な運用資金を預けていただくことが運用成績の向上につながりますし、そのためには投資哲学や投資プロセスなどをしっかり説明していくことが大切です。こうして意志を一体化していくことで、企業との建設的な対話や議決権行使を行なうときにも、意志ある行動につながっていきますし、その結果として長期的な運用成績の向上にもなるはずです。

積立投資の投資家が増えれば増えるほど、安定した運用環境が維持され、企業価値の向上にもつながっていくのです。こうして考えれば、運用成績は、お客さまとの二人三脚でつくられていくことがイメージできるのでないでしょうか。先に述べた、共通ＫＰＩでコモンズ投信が業界でトップになったのは、まさにこの二人三脚の成果のたまものでもあるのです。

SECTION 1-3

コモンズ30ファンドはこういう投資信託です

リーマンショック後の逆風のなかでのスタートだった

コモンズ投信の主力ファンドであり、創業とともに運用を開始した「コモンズ30ファンド」について触れておきたいと思います。

コモンズ投信の準備会社が設立されたのは2007年11月。まずは関東財務局への届け出資料作成などを行なう準備会社としてスタートを切ったわけです。

この時点で、商品は「長期投資のファンドにする」ということは決めていました。なぜなら、日本には長期投資の文化がまったくといっていいほどなく、それを日本に根付かせるということが創業メンバーの想いだったからです。

また、創業メンバーが尊敬する企業経営者の方々からも、日本にも長期投資家が必要だという声が寄せられていました。米国など海外には、HFT（High Frequency Trading：高頻度取引と訳される）のように超短期のトレードを繰り返す投機的な投資家がいる一方、10年単位で投資を考え、資本市場に影響を与える長期投資家も多数います。日本企業のなかでも、とりわけグローバル展開をしている企業の経営者は、「海外のライバル企業は自国に長期投資家がいて、リスクマネーを供給してくれるけれども、日本にはそういう投資家がいないから、海外のライバル企業と競争するのに、どうしても不利になってしまう」、「長期的な企業価値創造には、長期投資家は欠かせない」と必要性を説いてくれました。こうした企業経営者のみなさんからは、君たちが本気で長期投資の投資信託運用会社をつくるのであれば応援すると口を揃えて言っていただきました。さらには、複数の経営者からは個人的な出資までしていただきました。

そして、さまざまな準備を進めて、関東財務局に数百ページの必要書類を提出したのは、2008年8月1日の暑い日でした。順調にいけば9月末には登録申請は完了する見込みでした。

この日付を見て、何か気づきませんか。そうです。コモンズ投信が生まれようとした瞬間に、あのリーマンショックが発生し、世界的な株式市場の大混乱と金融危機が起こったのです。そんな大混乱のなか、開業予定が遅れることも覚悟しましたが、関東財務局や投資信託協会には、コモンズ投信の設立意義を理解いただき、予定どおり登録手続きを完了しました。準備会社株式会社コモンズがコモンズ投信株式会社に衣替えしたのは8月、そして、コモンズ30ファンドの運用開始は翌年2009年1月でした。

米国の一流投資銀行だったリーマンブラザーズが破たんしたのは、2008年9月15日のこと。これによって世界的に株価が急落しました。日本の株価も急落し、同年10月には日経平均株価で6994円をつけました。コモンズ30ファンドを設定した2009年1月19日には、8200円台まで戻してはいましたが、まだ先行きがどうなるかわからず、株式専門家のなかにも5000円台まで下がるという見方も少なくありませんでした。そのような状況下での運用スタートでしたから、お金など集まるはずもありません。

実は、一緒に会社を立ち上げた、コモンズ投信会長の渋澤健とは、「まずは15億円くらい集めよう」と話していたのですが、フタを開けてみると、1億1800万円しか集まりませんでした。設定日当日、私と渋澤は「凍りついた地面ではあるけど、コモンズはしっかりとした長期投資の種をまくことが出来た。私たちが丁寧に手をかけていけば、きっと堅い地面から芽を出し大きく育つはずだ」と社内にメッセージを出したことを覚えています。日本にも長期で成長する企業は一定数存在すること、そして、長寿社会では多くの方々が積み立てによる資産形成を必要とする時代がいずれ到来することを確信していました。

そのように非常な逆風のなかでスタートしたわけですが、2019年3月時点の純資産総額は150億円規模にまで成長しました。まだまだ規模的には大きなファンドではありませんが、この150億円には、大勢の個人投資家の想いが詰まっています。それも前述したように、短期間で集めたお金ではなく、コモンズ投信の投資哲学を理解してくださったうえで、毎月コツコツと積立投資で入ってくるお金に支えられています。

厳選した30銘柄に集中投資

コモンズ30ファンドは、前述したように長期投資を前提にしたファンドです。「30」に込められた意味は、「30年目線」であり「30銘柄」であるということです。

30年目線とは、長期的な視点で投資銘柄を選んでいることを意味します。2019年3

月で、コモンズ30ファンドは設定から10年と2か月が経過したわけですが、この間、ほぼ一貫して保有し続けている銘柄もあります。

ちなみにコモンズ投信の創業メンバーの一人である元著名アナリストは、近年、アナリストは四半期レポート、つまり3か月間という極めて短い期間の見通しに関する分析ばかり書かされている傾向にあるが、本来のアナリストの充実感は経営者と同じ時間軸で自分なりの長期の株式ストーリーを真剣に議論するところにあるはずと思いを語り、「コモンズでは30年の株式ストーリーをつくって議論したい」と、私たちに宣言していました。このエピソードも、「30年目線の本格的な長期投資ファンドをつくる」というコモンズ30ファンドの投資哲学に影響しています。なお、渋澤が「僕のラッキーナンバーは3なんだ」と言っていたのは、ここだけの話です。

とにもかくにも、こうして長期投資に徹するというコンセプトが固まっていきました。

これに加えて、もうひとつの「30」の意味合いとして、組入銘柄数を30銘柄程度にすることを決めました。

これはつまり、銘柄を厳選するということです。

コモンズ30ファンドはアクティブファンド（日経平均株価やＴＯＰＩＸなどの市場平均を上回る運用

成績を目指す投資信託）です。アクティブファンドである以上、インデックスを超えるリターンが求められます。そのためには、投資する銘柄を厳選することで市場平均とは大きな違いを出し、リターンの源泉にしていく必要があります。

２０１９年5月末現在、東京証券取引所に上場している銘柄数は３６６４です。このうちのわずか30銘柄程度が、コモンズ30ファンドの組入銘柄になります。どういう観点で組入銘柄を選ぶかについては後述しますが、一般的なファンドの投資決定プロセスとは大きく異なり、ファンドマネジャー、アナリストなどが参加する投資委員会で全会一致になった銘柄だけを組み入れていきます。また売却する際も、全会一致の承認が必要です。

全会一致などというと、機動性に欠けるのではないかと心配する人もいらっしゃると思いますが、心配は無用です。日本の運用会社では全会一致の合議制を採用しているところはこれまで聞いたことはありませんが、欧米の骨太の長期投資家のあいだでは珍しくありません。みなさんの会社でも、人事採用するときにひとりの面接官で決めてしまうのではなく何人もが面接して合議制で決めることが多いと思いますが、長期で人を採用するのも長期の投資先を決めるのも同じだと思います。デイトレーダーのように、超短期の売買を繰り返すような運用をするならば、全会一致などといってはいられませんが、コモンズ30

ファンドはそもそも短期的な株価の値動きを追って売買するような運用とは無縁です。実際、「この銘柄を組み入れよう」という判断を下すまで、1年以上の歳月を費やすこともあります。しかし、投資判断を下すのに長い時間をかけたことによって上手くいかなかったと後悔したことは、一度もありません。

長く続けられる仕組みが最も大切

共通KPIの運用損益別顧客比率で97・7%という数字を出せたのは、コモンズ投信のファンドを購入してくださっている投資家のみなさんが、長期的な視点でコツコツと積立投資をしてくださっているからです。短期的な売買を繰り返す投資家ばかりのファンドだったら、この数字は到底出すことはできません。

では、コモンズ投信でファンドを買ってくださっているお客さまは、なぜ長期積立投資を実践してくださっているのでしょうか。相場が大きく下落をし資産価格が下がれば、不安になり心が折れるものです。

私たちは、お客さまの心が折れずに長期的に投資を継続できるような仕組みづくりに取り組んできました。お客さまが、自発的に長く持ちたくなる仕組みづくりを考える。この10年間の取り組みが、ようやくお客さまをサポートできるようになってきたと自負しています。

その取り組みには3つのキーワードがあります。

第一のキーワードは「見える化と対話」です。たとえば、とても良い運用成績のファンドがあったとします。ただし、「投資しているのは海外のハイ・イールド債（信用力が低い代わりに高利回りの社債）で、これに為替のヘッジプレミアムやカバードコールのリターンを加えて、債券を組み入れて運用している」という触れ込みのファンドです。

さて、このような自分ではよくわからない仕組みのファンドを長期間保有できるでしょうか。

ハイ・イールド債がどういう債券で、マーケットの規模がどのくらいなのかもよくわからず、しかも為替のヘッジプレミアムや、カバードコールのリターンのように、収益源の仕組みがよく理解できないファンドを、長期間保有できる人はいないでしょう。ちょっと逆風が吹いて、運用成績が下がりだした途端、逃げ出したくなるはずです。わからないものに投資することほど怖いことはないからです。

一方、コモンズ投信のファンドは投資先が明確で、かつ誰にでも理解しやすい会社（銘柄）しか組み入れていません。

また、ファンドの運用状況を投資家に伝えるため、全国で年150回を超えるセミナーを開催して、投資家のみなさんと直接会ってお話する機会を設けるとともに、メルマガを発行したり、映像コンテンツを用いたりして、会場まで足を運べなかった投資家にも、情報が伝わるような工夫をしています。また、このセミナーのなかには、投資先企業をお招きして直接対話を行なう場も設けています。先行きの見通しや業績動向といったものに着目するのではなく、その企業の持続的成長を支える「見えない価値＝非財務的価値」に着目し、直接対話を行なうのです。たとえば、「女性の活躍」といったテーマでは、これまで8社の投資先企業をお招きしました。〝人財〟という財務諸表には表れない財産、価値に対してその企業がどのような取り組みを行なっているのかなどをお聞きし、参加者とディスカッションを行なうのです。私たちはこうした取り組みを「価値の共創」と呼んでいます。対話から生まれる気付きが、企業のその後の持続的成長に少なからず寄与できると考えています。

第二のキーワードは「親子」です。コモンズ投信は「こどもトラスト」といって、0歳から19歳までの未成年の子供を対象にした口座開設を受け付けています。といっても、未成年の子供本人が口座を開いて取引するのではなく、その親が契約書類の記入や手続き、口座開設後の取引を、子供の代わりに行なう口座です。現在、こどもトラストによって開設されている未成年者の口座が、全体の16％を占めています。おそらく投資信託運用会社を含む金融機関のなかで、未成年者の口座が16％もあるところはほとんどないと思います。

そもそも、このこどもトラストは英国の事例を研究しているなかで生まれたアイデアでした。英国のチャイルド・トラスト（現在のジュニアＩＳＡ）は、導入時のコンセプトに、①国民が貯蓄や投資の利点を理解するのを手助けする、②親子で貯蓄の習慣を身に付けて金融機関と付き合うことを推奨する、③英国のすべての子供が大人になった時点で金融資産を保有しているようにする、④金融教育を補強する。とありました。まさに、これこそ日本でも必要な制度だと思いました。その後、日本でもこの制度を導入するべきだと政府や当局への提言も何度も行ない、「先ず隗より始めよ」ということで２０１０年から取り組んでいるのがこのこどもトラストです。なお、その後、ジュニアＮＩＳＡ（未成年向けの少額投資非課税制度）が国の制度として２０１５年から始まっています。

いまでも、資産形成セミナーを行なうと、多くの参加者のみなさんから、「こういう話は学校でも教えてくれないから、ぜひ、子供にも聞かせたい」との要望が多くあります。そうした声を受けて、いまコモンズ投信では子供たち向けのセミナーも実施しています。子供たちには、お金の増やし方ではなく、お金の価値を知り、いっしょに考える内容にしています。そして、こうした取り組みによって家族で複数の口座を開設いただくことも増えています。その結果、家族で一緒に取り組んでいることも要因となり、相場の一時的な調整などで解約につながることはほとんどありません。ダイエット目的のジム通いや習い事などでもそうですが、一人ではすぐに止めたくなることもあるのに対し、家族や仲間と参加していると心が折れずに継続できるものです。それと同じです。

そして第三のキーワードは「寄付（ソーシャル）」です。コモンズ投信は投資家のみなさんのお金を運用しているわけですが、たとえばコモンズ30ファンドであれば、投資家のみなさんから運用の委託を受けている運用資産の額に対して、年率0・4644％の運用管理費用をいただいており、この運用管理費用うち1％を、「コモンズＳＥＥＤＣａｐ」という寄付プログラムの原資にしています。コモンズＳＥＥＤＣａｐは社会起業家育成支援プログラムであり、毎年開催しているコモンズ社会起業家フォーラムのゲストスピーカーのなかから寄付先の候補を選び、最終的にはファンドの投資家のみなさんと一緒に、どこに寄付するかを決めています。

なぜコモンズ投信が社会起業家を応援しているのか、その理由を簡単にご説明しましょう。本来、金融の生業は社会にお金を循環させることで、経済の発展や人々の夢の実現に貢献することのはずです。ところが近年の金融は行き過ぎたマネー経済を生み、格差の拡大を増長させていると思われがちです。当社の創業の想いには、長期的な視点、すなわち次世代を見据えることで金融の本来の機能を微力ながらも取り戻していきたいとの考えがあります。つまり、長期的な成長を考えている企業や将来の夢の実現に取り組む生活者を応援したいとの想いが起業の原点でもあります。長期的な成長を考えている企業は、優れたビジネスモデルに加えて社会や環境にも配慮しているはずです。「コモンズ30ファンド」は、さまざまな事業環境の変化を乗り越えていく長期指向の企業30社に厳選投資を行なっています。このファンドを保有いただくことで、優れた企業の成長というリターンが享受でき、加えて企業の活動などから多くの学びや気づきもあると考えています。

また、社会的な課題を見つけ、その課題克服に向けてチャレンジされている起業家のみなさんを応援することも、長期的に豊かな社会を実現していくためには欠かせません。また、日本ではあまりピンとこないかもしれませんが、英国のEU離脱（ブレクジット）やフランスでの暴動などをみてもわかるように、先進国ですら世界は不安定です。安定した社会が実現してこそ、企業は長期的な成長を目指せるはずです。社会起業家を支援していくことは安定した社会の実現につながり、回りまわって企業の長期的な成長にもつながると考えています。

とりわけ最近のミレニアル世代（2000年以降に成人を迎えた世代）といわれる40代以下の世代に多く見られるように感じているのですが、金銭的な豊かさよりも、寄付などを通じて社会の役に立つことに重きを置いている方が増えてきています。そういう人たちは、自分の資産形成を通じて社会貢献できることにとても価値を置かれていて、寄付プログラムも併せ持ったコモンズ投信のファンドに共感し、長く続けてくださっています。この寄付（ソーシャル）の仕組みが、簡単に止めない長期的な資産形成にもつながっているのです。

こういう投資家に支えられています

本章の最後に、どういう人がコモンズ投信のファンドを買ってくださっているのかを紹介しておきましょう。

すでに触れていますが、全口座のうち16％が未成年の子供たちです。年代別に見ると、40歳以上49歳以下が最も多くて25％を占めています。次いで50歳以上59歳以下が19％、30歳以上39歳以下と60歳以上69歳以下が同じで14％、70歳以上79歳以下が6％、20歳以上29歳以下が3％、そして80歳以上が1％です。ちなみに全口座のうち79％が積立投資です。

以上は2018年9月時点の数字です。最多年齢層を見るとわかると思いますが、資産形成層が中心です。資産形成層とは、社会の中心となって働きつつ、子供の教育資金、住宅資金など旺盛な消費意欲を持ちながら、自分たちの老後のために資産を積み上げている人たちで、30代から50代くらいまでがそこに属しています。

コモンズ30ファンドが2017年11月に基準価額3万円を突破した際、こうした方々からメッセージをもらう機会がありました。

「基準価額3万円達成おめでとうございます。積み立てを開始したときは下がってしまう時期もあったのですが、こんなに上がってうれしいです。コモンズさんには、工場見学など普段はできない体験をさせていただき、投資先の企業をより身近に感じることができました。これからも末永くよろしくお願いします」

「3万円突破おめでとうございます。8歳の娘もお年玉をコモンズさんに預ける！　とはりきっており、家族でこれからも応援しています。これからの益々のご活躍をお祈りしています」

「子どもたち2人もコモンズ投信で積立を始めました。お金が社会で役立っている成果が形として表れてきていてうれしいです」

「基準価額3万円突破おめでとうございます。良識と常識ある〝三方よし〟企業を応援したいと思い、また、信託報酬の一部を投資家参画型で社会起業家に振り向けるという独自のスタイルに共感し貴社投資信託を購入しました。これからも長期の視点で優良企業発掘をよろしくお願いいたします」

「お付き合いを始めて6年目、おかげさまで安心して続けられています。孫2人のためのささやかな積み立ても、楽しみのひとつ。社会人となった息子もお世話になっています（彼には内容はいっさい教えていませんが）。親友にも喜ばれて、うれしい限りです。3万円を記録したときはちょっと興奮しましたよ。また、社会貢献にわずかながらも参加させていただけるのもうれしいですし、刺激を与えてもらっています。さらなるご発展をお祈りしています」

前述の「見える化と対話」、「親子」、そして「寄付（ソーシャル）」が、長期的な資産形成につながっているということをおわかりいただけるのではないかと思います。

そして、これは推測ですが、これからはもう少し資産形成層の幅が上の年齢に広がっていくのではないかとも思います。

なぜなら、「人生100年時代」がかなり現実のものになりつつあるからです。もし100歳まで生きるのが普通になるとしたら、50代で資産形成は終わりなどといっていられなくなるかもしれません。長生きすればするほどお金が必要になるからです。

いま100歳以上の人口が急増しているのをご存知でしょうか。老人福祉法が制定された1963年当時、100歳以上の人口は全国で153人だったそうです。それが1981年に1000人を超え、1998年には1万人を超えました。その後も100歳以上の人口増加は加速し、2012年には5万人を超えました。2018年度中に100歳を超えている人口は、住民基本台帳によると6万9785人だそうです。

ものすごいペースで100歳以上の高齢者が増えています。しかも、家族形態も大きく変わり、かつては大家族だったものが、いまは核家族化が急速に進み、なかには高齢者の一人暮らしも増えています。こうなると、最後の最後に頼れるのは「お金」ということになります。

いま、こうした老後に対する不安感から、節約志向の人が増えています。できるだけ支出を減らして、老後のために蓄えておこうという考え方です。

もちろん、それは正しいのですが、節約だけの人生というのも、何かものたりないような気がします。そうであれば、長生きしていろいろなことができる分、お金も増やすという発想をしてもいいのではないでしょうか。それこそ60代どころか、70代、80代であってもまだまだ運用して資産を増やすという時代が、もうすぐそこにまできているのかもしれません。

先日、それを象徴するかのような出来事がありました。コモンズ投信で長年お付き合いくださっている60代の方のお父さんが、「私もつみたてＮＩＳＡを始めます」といって口座を開いてくださったのです。御年94歳です。とても立派な心がけだと思いました。その方からすれば、60歳どころか70歳の人も若者です。人生１００年時代を豊かに、楽しく過ごすためにも、資産運用は私たちの生活にとって必要不可欠のものです。本書において「9割以上の方が利益を出すことができるという方法論」をお伝えすることで、そのお手伝いをできればと考えています。

CHAPTER 2

なぜ資産運用が必要なのか

SECTION 2-1

70代、80代でも資産運用が必要な時代になる

麻生財務相のボヤキ

どうしていま、資産運用が必要なのでしょうか。その問いに対するひとつの解答事例として、麻生さんの話をしてみたいと思います。

いきなり「麻生さん」と言ってもピンとこないかもしれませんが、麻生太郎副総理兼財務相のことです。

直接、お付き合いがあるわけではないのですが、投資信託運用会社の代表を務めていると、賀詞交歓会や研修会など、金融関係者が集まる場が年4回くらいあって、そこに金融機関関係者だけでなく、財務省や金融庁、日本銀行の幹部たちが集まります。そして必ず

会の冒頭で、麻生副総理兼財務相が参加者に向けて挨拶をします。この内容がなかなかふるっています。

「どうして資産運用が必要なのか、金融機関に勤めていらっしゃるみなさんは本当に理解しているのでしょうか。たとえばいま、普通預金にお金を預けて年1万円の利息を得ようとしたら、なんと12億円を預ける必要があります。12億円を預けてたったの1万円。これっぽっちの利息しか得られないのに、国民はみな、預金にお金を預けている。こんなバカげたことになっているのは、金融機関が魅力的な金融商品や金融サービスを国民に対して提供してこなかったからではないでしょうか。個人金融資産の総額が1830兆円ですが、このうち984兆円が現預金です。率にして何と53・8％もあります。お金の借手がどんどん減っているいま、現預金に984兆円もの資金が滞留しても、経済的には何の役にも立たないし、国民の資産も増えません」

これはなかなか的確な指摘でした。だからこそ近年、NISAやその発展形であるつみたてNISA、個人向け確定拠出年金を衣替えしてiDeCoが誕生するなど、一定額までの非課税枠を設け、個人が少しでも投資に目を向けるような仕掛けがつくられてきたわけです。

では、米国の個人はどの程度、投資に対して積極的なのでしょうか。これを投資信託の純資産総額で比較すると、違いが明白です。これは米国の確定拠出年金である401Kプランを含めた数字ですが、米国の投資信託の純資産総額は、日本円換算で2543兆円もあります。これに対して日本のそれは70兆円程度ですから、ざっと35倍以上の差があります。

また、米国の個人金融資産は約82兆ドルですから、1ドル＝110円で計算すると、9020兆円になります。日本の個人金融資産1830兆円に対して約5倍です。個人金融資産の日米差は5倍なのに、投資信託の純資産総額で日米差を見ると35倍以上ですから、歴然とした差があります。しかも、個人金融資産総額の差も、年々広がってきています。このままだと、10年後、20年後という将来を見越したとき、個人金融資産の日米差は10倍、20倍に広がってしまうかもしれません。

なぜいまも、そして将来も、これだけの差がつくと考えているのかというと、いちばん大きな理由はやはり投資信託との付き合い方だと思うのです。401Kプランも含めて、米国の個人は積極的に投資信託を活用して、自分の資産を運用して増やしていますが、日本人はまだ道半ばというか、前述したように個人金融資産全体の53・8％が現預金になっています。1年間でたった1万円の利息を得るのに12億円もの元本を必要とする預金に、これだけの個人金融資産が滞留しているのです。これではよほどの意識改革がない限り、個人金融資産が米国並みのスピードで増えていくことにはならないでしょう。

実際、日本で投資信託を保有している人は全体の7％程度といわれていますが、米国では世帯ベースで見ると、実に半分の世帯が投資信託を保有しています。年代別で見ても、米国では各年代で半分程度が投資信託を保有しているのですが、日本だと60代以上の人たちが全体の約7割を保有しているという、非常に偏った状態になっています。要するに、証券会社や銀行など投資信託の販売金融機関が、資産形成層ではなく、すでに一定の資産を保有している人ばかりに投資信託を勧めてきたという実態が透けて見えるのです。

さらに言うと、米国では投資信託保有者の約9割の人が401Kプランのような非課税枠を使って投資信託を購入していますが、日本ではまだそこまで普及していません。また、同様に米国では7割の人が積立投資を行なっているのに対し、日本ではまだまだ積立投資が普及していません。

こうしたことの積み重ねの結果、1995年～2016年までの約20年間で、米国の個人金融資産は約3・3倍に増えましたが、日本はたったの1・5倍にしか増えませんでした。ちなみにイギリスは1997年からの約20年間で約2・5倍です。

このように個人金融資産の額が増えなかったのは、所得水準の違いではありません。たんに、米国は投資信託や株式で資産形成するケースが多く、リーマンショックをも乗り越えて、長期での資産形成をコツコツと続けてきている結果です。

「公助から自助へ」という流れ

なぜ、日米でこれだけの違いが生じたのでしょうか。

最大の要因は、資産運用に対するモチベーションの違いだと思います。日本の場合、現役時代はどちらかというと、働いてお金を貯めることに力点が置かれがちで、資産運用というのは、現役を退いてから退職金などを使って取り組むべきことだというイメージが強いように思えます。

これに対して米国の場合は、なるべく早い段階でリタイア生活をしたいと希望する人が多いせいか、若いうちから一生懸命に働くのはもちろんのこと、すぐに使わないお金はなるべく運用に回すなど、働いて得た資産を運用することに対しても積極的です。定年になってから資産運用に取り組むのではなく、自分がリタイアしたい年齢に合わせて、それまでに必要な資産を築こうという意識が強いのでしょう。だから、どの世代を切り取ってみても、50%程度の人たちが投資信託を保有しているのだと思います。

もうひとつの理由は、公助の手厚さの違いだと思います。

たとえば日本の場合、会社員という地位を捨てて一事業主になるとわかるのですが、会社員というのはかなり分厚い公助に守られています。たとえば厚生年金保険料、健康保険料などはいずれも労使折半ですし（会社によってはそれ以上に手厚いところもあります）、雇用保険や労災保険も完備されています。一方、自営業者は年金も健康保険も全額自己負担で、当然のことですが、雇用保険や労災保険はありません。さらに「経費を使って節税」というと自営業者のイメージが強いのですが、実は会社員の場合も「給与所得控除」という形で実質的な必要経費が認められています。

そのほか、これは会社によって異なりますが、とくに大企業ともなればかなり手厚いフリンジベネフィット（給与以外の経済的な利益）があります。

つまり日本の国籍を持ち、日本の大企業で会社員生活を送ると、現役時代はかなり手厚い〝公助〟を受けられるため、「属している組織に頼らず、自分の力で何とかしなければならない」という自助努力の気持ちがどうしても後退してしまいがちです。

しかも大企業ともなれば、厚生年金と企業年金を合わせると、老後のキャッシュフローもかなり安泰です。こうしたことが若いうちからわかっていると、老後のための資産形成に対するモチベーションが高まらないのも無理はありません。

しかし、これからの時代は、残念ながらなかなかそうもいかなくなるでしょう。

なぜなら、公助を支える仕組みが弱体化してきているからです。これからは100歳以上人口もどんどん増えていきます。2050年には53万人が100歳以上という見通しもありますし、公的年金の受給対象となる65歳以上の人口で見れば、さらに増えていきます。

内閣府の高齢社会白書（平成30年版）によると、2017年10月1日現在、総人口は1億2671万人ですが、このうち65歳以上人口は3515万人で、その占める比率は27・7％となりました。

そして、将来の人口推計を見ると、2050年には総人口が1億192万人まで減少する一方、65歳以上人口は3841万人に増え、総人口に占める比率は37・7％まで上昇します。この頃になると、労働力として認められる生産年齢人口、つまり15歳以上65歳未満の人口は5275万人ですから、1・37人の現役世代で1人の高齢者を支えることになります。ちなみに高度経済成長期だった1965年では、10・8人で1人の高齢者を支える形でしたから、現役世代1人あたりの社会保障負担は、かなりの程度まで重くなることが容易に予測できます。

それを考えると、もはや公助に頼るわけにはいきません。自助をしっかり考える必要があります。

米国では1974年にIRA（個人退職口座）が、そして1981年に401Kプランが発足する一方、公的年金など高齢者への社会保障が段階的に引き下げられていきました。その結果、若いうちから自分たちの老後のための資産運用をしなければならないというモチベーションの向上につながったとも考えられます。

ちなみに、米国の個人金融資産が投資信託などを通じて大きく増えているという現実を見て、「米国の人たちは投資スキルが高い」という意見も聞かれますが、これは誤解です。投資をしているといっても、チャートを睨みながら、日々、株式の個別銘柄を買ったり売ったりしているわけではありません。前述したIRAや401Kプランといった仕組みを通じて、投資信託を積立購入している人が大半なのです。資産形成が生活の一部となり価格変動などにも慣れているといったイメージです。

日本で確定拠出年金制度がスタートしたのは、米国に遅れること20年後の２００１年からでした。そして、イギリスのＩＳＡに範をとったＮＩＳＡのスタートが２０１４年です。歴史的には短いので、これらの仕組みを通じて個人の資産形成が広まるのは、まさにこれからだとは思いますが、こうした非課税制度をはじめとする仕組みが登場した以上、それをしっかりと活用することで、自助による資産形成を進めていく必要があるということを、理解する必要があります。

ＮＩＳＡを皮切りに制度の改善が続いている

日本で資産形成層のための非課税制度という点では、ｉＤｅＣｏよりもＮＩＳＡのほうがエポックメイキングであったと考えています。

ｉＤｅＣｏは愛称であり、もともとは個人向け確定拠出年金のことです。個人向け確定拠出年金自体は２００１年から運用されていた既存の制度であり、ｉＤｅＣｏという愛称をつけるタイミングで、その加入対象者をそれまで加入対象者ではなかった公務員や第三号被保険者にまで広げたところに意味があるわけですが、新たな非課税制度が設けられたわけではありませんでした。

これに対してＮＩＳＡは、まさに新しく導入された投資非課税制度だったという点でエポックメイキングでした。国としては「これからは公的年金でどこまで老後の生活をカバーできるかわからないので、非課税制度を設けますから、これをうまく活用して老後資金をつくってください」というメッセージ性が込められたものだといえます。

こうして２０１４年からＮＩＳＡがスタートし、割と早い段階で１０００万口座がつくられるなど、広がりが期待されたわけですが、いくつか問題が生じました。まずは、口座を開いた人は大勢いたものの、その半分が空口座だったことです。空口座というのは、口座を開けただけで、まったくお金を入れていない口座のことです。

二つ目の問題は、結局、ＮＩＳＡを活用して投資信託を購入した人は、大半が60代から70代だったことです。

もちろん、人生１００年時代であることからすれば、60代あるいは70代でＮＩＳＡ口座を開き、投資信託を買うのは正しい行動だと思います。しかし、もともとＮＩＳＡという非課税制度を政府が認めたのは、どちらかというと20代、30代、40代の人など、これから将来に向けて資産をつくらなければならない資産形成層に対して、ある程度の時間をかけて、効率良く資産を増やすための仕組みを用意しようという狙いがあったからです。

そして最後の問題は、とくに株式投資でＮＩＳＡ口座を利用している人に多く見られたのですが、月々一定金額で積立投資するのではなく、一度に１２０万円分の株式を買い付け、株価が大きく上昇したら売却し、キャピタルゲインを非課税で確保しようという動きが広がったことです。ある程度の時間をかけて資産形成をするために非課税枠を用意したはずだったのに、短期間での売買差益を狙う人たちがメインに活用し、資産形成層の利用は限定的なものとなりました。

こうした状況を何としても変えていこうと、金融庁は「つみたてＮＩＳＡ」の創設を決め、２０１８年1月から制度がスタートしました。以下では、２０１４年からスタートしたＮＩＳＡを、つみたてＮＩＳＡと差別化するため、「一般ＮＩＳＡ」という名称にして、両者の違いについて解説していきます。

一般ＮＩＳＡとつみたてＮＩＳＡで大きく異なっているのは、非課税期間です。

一般ＮＩＳＡの場合、非課税期間は5年間で、口座開設可能期間は２０２３年です。２０１９年に開設した口座は２０２３年まで運用可能で、２０１９年12月末までに最大１２０万円まで株式の現物、株式投資信託、ＥＴＦ、ＲＥＩＴを買うことができます。２０２

0年に開設した口座は、同じく120万円まで前出の投資商品を買うことができ、2024年まで運用できます。

　こうして2023年までNISAの口座を新しく開設でき、2023年の口座については2027年まで運用できます。もちろん、この口座を通じて購入した株式の現物、株式投資信託、ETF、REITの配当金や分配金、値上がり益は全額非課税になります。

　一方、つみたてNISAでは、非課税期間は最長20年で、口座開設可能期間は2018年から2037年までになります。名称のとおり、積立投資専用の口座になり、毎年の積立上限は40万円です。

　また積立投資できる対象商品は、金融庁によって認められた株式投資信託とETFだけです。株式の現物もREITも、つみたてNISAの口座で積立投資することはできません。

　詳細に見れば、ほかにも違う点はあるのですが、本書を読み進めていくうえでは、以上を押さえていただければ十分です。

SECTION 2-2

投資信託の商品と運用の仕方が変わってきている

金融庁からつみたてNISA用として認められた商品とは？

さて、つみたてNISAをスタートさせるにあたっては、金融庁がどの株式投資信託ならびにETFを対象商品として認めるのかということが、金融業界では大きな話題を集めました。

つみたてNISAは、いままで銀行預金でしかお金を運用したことがないという初心者に、投資信託を通じて資産形成に馴染んでもらおうという狙いでスタートした制度で、利用者が自分自身で商品を選ぶ選択眼は持っていないということを前提としています。そこで金融庁は自らつみたてNISAの対象となる投資信託のガイドラインをつくったのです。

このガイドラインに合わない投資信託は、つみたてＮＩＳＡの対象になりません。

こうして金融庁のガイドラインにしたがって、つみたてＮＩＳＡに適した投資信託を選んだらどうなったのかというと、なんと当初は１２０本の投資信託しか対象になりませんでした。対象になる可能性があった投資信託が約６０００本ですから、そのうちの実に98％の投資信託は対象外になってしまったのです。

つみたてＮＩＳＡは、20年間という長期にわたって積立投資をするためのツールですから、短期志向の投資信託を選ぶわけにはいきません。そのガイドラインに沿って選ばれた投資信託が１２０本ということは、大半の日本の投資信託が長期投資に不向きであることを白日の下に晒したようなものです。

その後、多少本数が増えて、２０１８年10月末時点では１６２本になったわけですが、このうち１４２本はインデックス型（日経平均などの株式指数に連動するもの）の投資信託です。またＥＴＦ（日経平均などの株価インデックスに連動する上場投資信託）は３本なので、アクティブ型（運用会社が独自の目利きで銘柄を組み入れているもの）の投資信託はなんと17本しかありませんでした。それも、日本株を投資対象とするアクティブ型投資信託は、実質５本しかなかったのです。

日本の投資信託運用会社が設定・運用する日本株のアクティブ投資信託はたくさんあり

ます。しかし、長期投資に適していると思われるものはたったの5本しかなかったということは、日本の投資信託業界の課題を、図らずも露呈することになったというのは言い過ぎでしょうか。

ちなみに投資信託の平均保有期間は、2000年2月がなんと0・97年でしたが、2009年1月には4・5年まで伸び、2013年12月には1・7年まで短くなった後、2018年には3・4年まで伸びました。ざっとみると、過去における平均保有期間は、2～3年ですから、いかに日本の投資信託の平均保有期間が短いかがわかると思います。これでは大半の投資信託が、長期的目線で運用できていないことが明らかです。

純資産総額の上位が「外モノ」ファンドで占められる本当の理由

投資信託の純資産総額をETFを除いて大きなものからランキングすると、ベスト10は「外モノ」すなわち海外に投資する投資信託で、毎月分配型が非常に多いことがわかります（**図表2－1**）。日本株を対象にしたアクティブファンドは、1本しか入っていません。それ以外は、「米国ハイ・イールド債」「米国REIT」ばかりです。

図表 2-1 ● 純資産総額の上位が「外モノ」ファンド

順位	ファンド名	会社名	カテゴリー	純資産額（百万円）
1	ピクテ・グローバル・インカム株式（毎月分配）	ピクテ	国際株式・グローバル・含む日本（F）	671,964
2	フィデリティ・USリートB	フィデリティ	国際REIT・特定地域（F）	633,496
3	フィデリティ・USハイ・イールドF	フィデリティ	国際債券・ハイイールド債（F）	625,198
4	ひふみプラス	レオス	国内中型グロース	586,175
5	新光 US-REITオープン『愛称：ゼウス』	アセマネOne	国際REIT・特定地域（F）	581,779
6	東京海上・円資産バランスファンド（毎月）『愛称：円奏会』	東京海上	安定	570,359
7	ダイワ・US-REIT（毎月決算）	大和	国際REIT・特定地域（F）	539,059
8	ラサール・グローバルREIT（毎月分配型）	日興	国際REIT・グローバル・含む日本（F）	491,311
9	野村 インド株投資	野村	国際株式・インド（F）	450,501
10	グローバル・ソブリン・オープン（毎月決算型）	三菱UFJ国際	国際債券・グローバル・含む日本（F）	429,976

※2019年5月28日時点
　カテゴリー欄の（F）はヘッジフリーの意味
出所：モーニングスター

どうして、日本株を投資対象としたアクティブファンドがほとんど入っていないのでしょうか。

日本の運用業界にとって、日本の株式市場は「マザーマーケット」であり、本来ならここでこそ強みを発揮できるはずです。日本の投資信託運用会社には大勢の日本人が勤務しており、彼らは日本企業の特徴、強みや弱みを、他の国の非常に優秀なファンドマネジャーやアナリストよりも広く、深く知っています。だからこそ、マザーマーケットでの運用では、他の国の運用会社に負けるわけにはいきませんし、その利点を活かせれば、日本株を対象としたアクティブファンドの人気が、もっと盛り上がってもいいと思うのです。

しかし、なぜか日本の投資信託では、上位に日本株アクティブファンドがほとんど入っていません。いろいろな要因があると思いますが、ひとつ言えるのは、日本株アクティブファンドよりも外モノのファンドのほうが収益面でも有利だということです。

日本株アクティブファンドの場合、投資信託運用会社が受け取る手数料は運用管理費用の一部ですが、外モノファンドになると、日本株アクティブファンドに比べて手数料が高くなりがちです。一時期、高い人気を集めた通貨選択型ファンドなどは、投資対象が日本株なのに、わざわざ外貨で投資するために、為替の手数料まで加わって、手数料収入部分が厚めに設定されていましたし、三階建てファンドと呼ばれた、カバードコール戦略を組み合わせたファンドなども、表から見えないコストが加算されていました。

もちろん昔に設定された日本株アクティブファンドのなかには、いまも運用が継続されているものがあるので、それを販売すればいいと思うのですが、日本の販売金融機関は、新規設定される投資信託を中心に販売する傾向が顕著でしたし、その新規設定ファンドが外モノファンドばかりになれば、当然、投資家の目は日本株アクティブファンドには向かなくなります。そうした結果として、年数の経過とともに、純資産総額の上位に日本株アクティブファンドは入らず、外モノファンドが中心になってしまうのです。

また、日本にはロングセラーファンドがほとんどないという問題もあります。これも新規設定ファンドに傾斜した販売戦略の弊害なのですが、20年、30年という長期にわたって運用され続けているファンドで、かつ純資産総額の上位にいるファンドはほとんどありません。米国でも、フィデリティやキャピタルといった老舗の運用会社が設定・運用している、マザーマーケットである米国株を対象としているアクティブファンドが、20年前、30年前とほとんど変わることなく純資産総額の上位に入っています。最近は、バンガードのようなインデックスファンドの運用会社の存在も大きくなってきましたが、あくまでもメインはアクティブファンドです。

もちろん、長期にわたって運用され続けているアクティブファンドではあっても、その投資先企業は入れ替わっています。かつてはGM、GEといった大手製造業が、投資先の上位を占めていましたが、いまはアップルやグーグル、フェイスブックといった、新しい企業に入れ替わっています。有力ファンドの顔ぶれは変わらない一方で、それらの投資先企業はどんどん変わっていくのです。

一方、日本の場合、米国と違って投資信託の純資産総額上位はどんどん変わってしまいます。それこそ10年も経てば、まったく顔ぶれが違ってきてしまうのです。かつて、日本の投資信託は「グローバル・ソブリン・オープン（毎月決算型）」（以下、グロソブ）が長くトップクラスに入っていましたが、いまではピーク時の10分の1以下になってしまっています。

このグロソブは、2008年8月の純資産総額では5兆7000億円を超えて、文字どおり日本一のファンドでしたが、それから10年6か月が経過した2019年2月末の純資産総額は、4435億円です。それでも4435億円ですから、決して小さい規模ではないのですが、わずか10年でここまで純資産総額が減少したケースは、非常に珍しいと思います。グロソブの残高がここまで急減した理由は、販売する金融機関側の事情が大きくありました。多くの販売金融機関が、販売の中心をグロソブから、それよりも高い分配金が得られるという触れ込みのファンドに切り替えたからです。結果的に投資家の払う手数料も高くなりました。

もうひとつ、米国と異なる点があります。それは、日本株の時価総額の上位の顔ぶれを見ると、米国のように10年、20年単位で大きく変わるようなことはなく、トヨタ自動車やNTT、三菱UFJフィナンシャルホールディングスといった大手企業が上位を独占したままであることです。つまりファンドの新陳代謝は激しいものの、株式市場の新陳代謝がほとんど進んでいないのが現状です。これは投資家側が新陳代謝を促してこなかったことも一因だと思います。

D to Cの時代にふさわしい投資対象とは?

いまマーケティングの世界では「D to Cの時代」に突入したといわれてきています。

D to Cとは「Direct to Consumer」のことです。つまり、商品をお客さまに直接届けるという意味です。アパレル業界では、自社で企画・製造した商品を自社のECサイトでメーカーが直接、消費者に製品を販売する動きが広まりつつあります。要は卸売、小売といった中間業者がいない販売形態です。

知人のアパレル関係者に、「なぜD to Cが広まってきたのか」と聞いてみたところによると、これまでのアパレル業界では、とにかく大量につくった製品を、雑誌やメディアなどを通じて大量に情報を流して、大量に消費してもらうビジネスモデルだったものが、SNSなどの普及によって、その手法が限界を迎えているのだそうです。

たとえばこれまでは、「ことしの冬は黄色いトレンチコートを流行らせる」ということをアパレルメーカーが決め、ファッション雑誌などとタイアップして「ことしの流行りは黄色いトレンチコート！」といった記事をつくり、百貨店に入っているファッションブランドの店舗が黄色いトレンチコートを着せたマネキンを並べ、それを見た消費者は、黄色いトレンチコートが流行っていると思い込み、商品が購入されていくという流れがありました。流行は消費者のあいだで自然発生するものではなく、アパレル業界が仕掛けるものだったのです。当然、業界を挙げて仕掛けるわけですから、メーカーも黄色いトレンチコートを大量生産します。大量生産すればコストが下がるので、その分、定価と製造コストの差が大きくなり、メーカーの利益率が上がるという仕組みです。

しかし、SNSが普及した昨今、こうした大量生産・大量販売時代のマーケティングは、通用しなくなったといわれています。

たとえば、ファッション雑誌などで「黄色いトレンチコートが流行っている」と書かれているのに、SNSのひとつであるインスタグラムでつながりのあるファッションリーダーや友人が着ているコートは黄色ではなく、オーソドックスなベージュ系が中心で、しかもトレンチコートではなくステンカラーコートだったりすると、「あのファッション雑誌はズレてている」という評判につながっていきます。そうした結果、ファッション雑誌そのものが、いまではあまり売れなくなってきました。インスタグラムのタイムラインが、それぞれの人にとっての雑誌になっているのです。

さらにインターネットで調べると、百貨店で10万円くらいするコートの原価率が、実は15%から30%程度で、しかも廃棄処分が半分くらいあるということが、次々にわかってしまいます。しかも、そのコートはバングラデシュなどで児童労働によって、非常に低コストでつくられているといったことまでわかる時代ですから、その情報に接した時点で、共感できないから「買わない」という選択をする消費者が増えているのです。

ただ、一方で口コミによって広がる製品もあります。たとえば気仙沼ニッティングという会社などは、その代表的なものでしょう。

気仙沼ニッティングとは、宮城県気仙沼市に拠点を置く手編み製品をつくっている会社です。この会社が設立されたのは、２０１１年の東日本大震災の後でした。気仙沼市もひどい被害を受けたわけですが、そのなかで少しでもみなが明るく楽しく仕事ができる場をつくろうということでスタートしました。

製品はすべて被災地域の方々による手づくりです。しかも、素材はオーガニックコットン。購入した人、一人ひとりのサイズに合わせて編むオーダーメイドですから、でき上がるまでに時間がかかります。値段もセーターで10万円以上します。それでもしっかり売れています。編み手の方の顔が見えていて、素材やコストがわかっていて、これなら買いたいという納得感が得られるのが、DtoCのいちばんの特徴といってもいいでしょう。つまり、ものづくりにストーリーがあり、思いが感じられ、お客さまがファン化していくイメージです。これまでのように、前年比何%売上を伸ばすことが先にきて、大量生産・大量販売ではうまくいかないのです。SNSが発達し、サスティナビリティ＝持続可能性を重視するミレニアル世代が存在感を増してきた現代では、お客さまはついてこないのです。

こうした流れは、いずれ投資信託業界にも波及していくと、私は考えています。

CHAPTER
3

投資で勝てる人に
なるための
行動原理

SECTION 3-1

簡単だけども効果が絶大な「積み立て投資」

別腹で貯めることが大事

投資で利益を積み上げるための基本は、「長期積立投資」にあります。

先に述べた米国の事例からもわかるように、タイミングをとらえて売買で利益を積み上げるのではなく、積立投資で資産形成を行なえるように仕組み化することが重要です。

米国の人々が金融資産を構築していくうえでいちばん活用しているのが積立投資なのです。401Kプランと呼ばれている確定拠出年金制度やIRA（Independent Retirement Account：個人退職口座）は、その代表的なものでしょう。いずれも米国の個人年金制度で、現役時代に月々の給料から積み立て、自分がリタイアしたときの生活費の足しにするための運用口座です。
日本の個人金融資産に対して、約5倍もの規模を持つ米国の個人金融資産ではありますが、やっていることは実にオーソドックスな積立投資なのです。つまり、まずは積立投資をしっかり継続できれば、ある程度の資産を築ける可能性が高まります。

積立投資の効果がどの程度なのかを、実際に数字を使って計算してみましょう。

運用利回りは年平均で3％、5％、7％という3つのパターンを用います。積立期間は5年、10年、20年、30年という4パターンを用意しました。10万円を元本として、毎月2万円ずつ積み立てていき、年2回のボーナス月には5万円を増額する（合計7万円を積み立てる）というイメージです。

さて、まずは20年間積み立てた場合の例です。20年といえば、つみたてＮＩＳＡの運用期間と同じであり、かつ子供が生まれてから成人するまでの期間でもあります。

次ページ**図表3－1**を見ていただければわかると思いますが、年3％の平均利回りで積み立てていくと、20年後の元利合計額は944万円になります。年5％であれば1177万円、年7％であれば1478万円です。

年7％の運用なんて、いまの超低金利では無理という意見もありそうですが、それは預貯金で運用しようとするからです。将来、ある程度金利が上昇することも踏まえたうえで、預貯金の利率を平均0・5％と想定して20年間運用した場合の元利合計金額を計算すると、726万円にしかなりません。しかし、株式に投資する投資信託であれば、預貯金よりももっと資産を増やすことができる可能性が高まります。この10年間でTOPIX（東証株価指数）配当込指数は、年利10％程度のリターンは出ていますので、日本株の運用で年7％の運用も可能性は十分にあります。

もちろん、あくまでも年平均なので、20年のなかで、時には7％よりも高い数字が出ることもありますし、逆にマイナ

図表3-1 ● 積立投資の効果は？

（例）10万円の元本、毎月2万円つみたて、ボーナス5万円増額

	5年	10年	20年	30年
投資金額合計	180万円	350万円	690万円	1030万円
0.5％	182万円	359万円	726万円	1111万円
3％	194万円	408万円	944万円	1665万円
5％	205万円	454万円	1177万円	2355万円
7％	216万円	505万円	1478万円	3394万円

スになる年もあります。その間、ずっと長期的に積立を続けたという前提において、年平均7％が達成されるかどうかという話です。

さて、年平均7％の運用が実現したとして、20年間の積立の成果は1478万円。1500万円に少し足りないくらいの金額ですが、これは、幼稚園から大学卒業するまでにかかる一人分の教育関連費用とほぼ同じ金額です。もちろん、すべて私立でということになればさらに1000万円くらい追加費用が発生しますが、大学や高校など一部だけ私立であればほぼ賄えます。つまり、この金額の積み立てで20年間、7％程度の実績が出ればお子さま一人分の教育関連費用は賄えるイメージです。

あるいは35歳で資産形成の大切さに気付き、そこから定年を迎える65歳まで30年間にわたって積立投資を続けていくケースであれば、年平均5％の運用利回りで2355万円の資金をつくることができます。

定年を迎えたとき、手元に退職金以外の現金が2355万円あるかないかでは、安心感が大きく違ってきます。退職金として1000万円を受け取った場合、老後の生活資金として、年金以外に3355万円のキャッシュがあるわけですから、これならリタイアしてから平均寿命まで、人並みの生活はできるはずです。

以上に挙げたような資産運用を実行するのは、そうむずかしいことではありません。きちんと長期投資できる投資信託を選んだら、あとはコツコツと積み立てていけばいいだけなのです。

ただし、これだけのお金を積み立てるためには、ひとつだけコツがいります。それは「別腹で貯める」ことです。

みなさん、毎月、お金を積み立てようとしたときには、どのようなお金で積み立てますか。

私が若かった頃は、給料から生活に必要なお金、交際費など使った後で残ったお金を積み立てようと考えていました。

しかし、この「余ったら貯める」という考え方がうまくいった試しはありません。もしうまくいくとしたら、相当に自制が効いて、節約できる人でしょう。人間は誘惑に弱い生き物ですから、欲望を優先します。余ったもので貯蓄をしようとしても、うまくいくはずがないのです。結局、毎月の給料をそのまま全額使ってしまい、残るお金がないまま、積立もできないという結末になってしまいます。そうならないようにするためには、天引きにしてしまうことです。

積立投資をきちんと行なうためには、別腹すなわち自分のお財布に残ったお金を積み立てるのではなく、お給料をもらった段階で天引きされる仕組みを持っておくことが大切です。それをコツコツ続けていくだけでも、20年後、あるいは30年後にある程度の資産を築くことができるはずです。

アクティブファンドで積み立てることの意義

ここ数年来の傾向として、インデックスファンドが人気を集めています。なかには「インデックスファンドにあらずんば投資信託にあらず」といった主張をされる方もいるようですが、インデックスファンドなら何でもいいという風潮は、さすがにバランスを欠いた議論ではないでしょうか。

なぜインデックスファンドをそこまで支持するのかというと、多くのインデックスファンド支持派がまずおっしゃるのは、「コストが安いから」ということです。

たしかに、インデックスファンドはそもそも調査コストがかかりませんから、運用管理費用がアクティブファンドに比べて安く設定されています。最近では、インデックスファンドであればお金が集められると考えたからかどうかわかりませんが、非常に低廉なコストのインデックスファンドを設定する投資信託運用会社も出てきました。もともと、インデックスファンドではETFが運用管理費用の安さで注目されていましたが、最近はETF以外のインデックスファンドでも、ETF並みの運用管理費用で運用されているものがあります。

「リターンを1％上げるのは非常にむずかしいし、優れたファンドマネジャーを個人が見分けるのは不可能に近い。けれども、アクティブファンドに比べて運用管理費用が1％安いインデックスファンドを探すことはできる。運用管理費用を1％節約することは、運用利回りを1％上げるのと同じ効果だ」

コストももちろん大切ですし、長期の運用になればなおのこと重要性は増します。しかし、私自身は、インデックスファンドかアクティブファンドかではなく、どちらも必要との考え方です。そもそも、まともなアクティブファンドが市場原理を働かせる（良い会社が買われて、悪い会社は売られて産業の新陳代謝が行なわれる）ことで、はじめてインデックスのパフォーマンスも上がるはずだからです。市場がすべてインデックス投資家ばかりになると、ゾンビ企業が増え続けることになってしまいます。産業界の新陳代謝や市場の活性化の観点からも、良質なアクティブファンドは必要だと考えています。

また、もちろん投資対象としてより高いリターンを得られる可能性があるのはインデックスなのか厳選されたアクティブの銘柄群なのかという視点もありますが、もうひとつ、運用で絶大な効果をもつ「積み立て」に向いているのはインデックスなのか厳選された銘柄群なのか、という視点もあると思います。

ここではまず、後者の積み立てに向いているのかどうかという視点から、インデックスファンドよりもアクティブファンドのほうがいい、ということを書いていきます。

たとえば、積立投資をしているうちにマーケット環境が悪化して基準価額が大きく下げたとき、そのまま積立投資を継続できるかどうかです。

インデックスファンドは、「日経平均株価やS&P500などのインデックスと、ほぼ同じ値動きを実現できるポートフォリオを組んで運用される投資信託」です。たとえば日経平均株価に連動するインデックスファンドを買えば、日経平均株価に採用されている225銘柄に分散投資しているのとほぼ同じ投資効果が得られるわけですが、果たしてそういう銘柄に投資して、長期間、積立投資をするモチベーションが維持できるでしょうか。

私は、なかなかむずかしいのではないかと思います。

たとえば、日経平均株価に連動するインデックスファンドに投資をしていたとすると、日経平均株価は225社に幅広く投資されていますが、日経平均株価が下落するときは、日本の景気が悪くなっているタイミングだったりします。当然、テレビや新聞などのメディアは日本経済が悪化していることを報道しています。これでは当分、景気は持ち直しそうもないなという気分になりますから、日経平均株価を利用して投資を続けることに躊躇したくなります。そもそもインデックスファンドは、運用者の顔もわかりませんし、想いはまったく込められていません。さらに、インデックスファンドは常にほぼ全額株式市場に投資されていますので100％リスクに晒されたままです。どうしても心が折れやすくなり、投資を止めてしまうことにつながっていきます。

一方で、アクティブファンドの場合は、日本の景気が悪いことでの影響は同様に避けられませんが、その打撃を軽微にする努力が払われます。景気の影響を受けにくい銘柄に入れ替えたり、現金の比率を引き上げたり、さまざまな工夫が行なわれるわけです。また、インデックスファンドとの大きな違いとしては、運用者の顔が見え、想いもわかります。運用哲学に共感でき、運用者の顔が思い浮かび、ピンチの場面でもその対応をしっかりと説明してくれるファンドであれば、苦しい局面を一緒に乗り越えられることもあると思います。こうした点は、アクティブファンドのほうが優れていると思っています。

ちなみにコモンズ投信の場合、「運用哲学に共感」という部分を重視しているため、ファンドを購入してくださっているお客様との接点を、できるだけ増やすような仕組みをつくっています。

それはセミナーであったり、月次のレターをはじめとする情報開示だったりするわけですが、これらをできるだけわかりやすく、運用者がいま、何を考えているのかを伝える工夫をしています。とくに、マーケット環境が悪化して、運用成績が低迷しているときほど、運用の現状に対する説明は綿密に行ないます。基準価額が大きく下げれば、当然のことですが投資家は非常に不安になります。その不安を取り除くことも、投資信託運用会社の大切な役割だと思います。

もちろん、これはコモンズ投信に限ったことではなく、他の直販系といわれている投資信託運用会社の多くが、工夫を凝らしているところでもあります。投資信託運用会社が投資家の立場に立ち、可能な限り距離を縮めることが長いお付き合いにつながるとともに、長期の積立投資のモチベーションとなり、最終的に投資家の大きなリターンにも反映されていくのです。

2016年1月から積立投資を始めた人のケース

積立投資のメリットを、わかりやすい事例で紹介しましょう。

習いごとなどと同じで、積立投資をスタートさせる月も、1月が多いようです。ボーナスが出た翌月ということもあるのかもしれませんし、「1年の計は元旦にあり」というように、年の初めは新しいことをスタートさせるのに適したタイミングなのかもしれません。

積立投資の効果を知るうえでとても良い事例があります。2016年の国内株式市場です。2016年1月から積立投資を始めた人は、スタートした直後から後悔の念に駆られたと思います。日経平均株価が急落したからです。

2015年12月の大納会で、日経平均株価の終値は1万9033円でした。それが、年明け1月4日に中国の経済指標が悪化したことを受けて、その日の終値は1万8450円まで大幅に下落しました。チャイナショックです。その後も株価は下がり続け、2月12日の終値は1万4952円となりました。

そこからは徐々に回復する兆しも見えてきましたが、円高の影響で日本企業の業績悪化懸念が広まり、株価は一進一退が続きました。そして、6月にはイギリスの国民投票でEU離脱が決定したことから、日経平均株価は6月24日終値で、再び1万4952円まで下落しました。

このように、年央までに2度の大きな下落を経験した日本の株式市場ですが、11月になって米国大統領選挙が行なわれ、周囲の予想を覆してトランプ大統領が誕生すると、彼の政策に対する不安から再び株価は下がり、11月9日の日経平均株価は前日比で1000円超下げました。

ただ、トランプ大統領については、その実力に関して疑問符が付いたものの、打ち出された政策はマーケットにとって好感されるような内容だったことから、いわゆるトランプラリーが始まり、2016年12月30日の日経平均株価は1万9145円で1年の取引を終えました。

この間、あるネット証券会社では年明けから4月前後までに、投資信託の月次の積立金額が1割以上減りました。それだけ積立投資を止めた人が大量に出たということです。積立投資を止める一方、新たに始める人もいますから、通常のペースであれば、これだけ短期間のうちに1割も解約する人が出ること自体、極めて異例です。しかし、それが現実になるほど、2016年初頭のマーケットは先行きが不透明でした。

もちろん解約したくなる気持ちはよくわかります。2016年1月から積立投資を始めて、「さあ、頑張って資産を増やすぞ」と意気込んだものの、たった半年間で2割、3割という損失を被ったら、続けていくモチベーションが落ちてしまいます。「積み立てていけば大丈夫」と事前に学習して心の準備をしていたとしても、いざ現実に自分の大事なお金が目減りすれば、心が揺らぎます。解約したくなる気持ちは、痛いほどわかります。

しかし、そのときに解約をせずにひたすらコツコツと積立投資をし続けたら、どういう結果になったでしょうか。

2016年1月にコモンズ30ファンドをまとめて買い、それを年末まで持ち続けた場合のリターンは4%でした。決して良い成績とはいえませんが、年末にかけてトランプラリーにより株価が一気に持ち直してきたことが奏功してプラスで終えることができました。

一方、2016年を通じて積立投資で買い続けてきた人のリターンは、1月にまとめて投資をした人の4%を大きく上回る13%だったのです。チャイナショック、ブレクジットショックという、2度にわたる株価の暴落を受けたにもかかわらず、結果は大きなプラスでした。

なぜ、そのようなことが起きたのかというと、定額購入を続けていたからです。投資信託の積立は基本的に定額購入になりますから、株価の暴落などで基準価額が大きく下げたときに購入すると、基準価額が下落する前に買った場合に比べて、より多くの口数を買い付けることができます。２０１６年は、そういう大きな基準価額の下落が2度もあったので、そのときにかなりの口数を購入できたということです。

買い付ける口数が多くなればなるほど、基準価額が戻したときには、より大きなリターンが得られることになります。

たとえば、1万口＝1万円の基準価額で1万口分の投資信託を買った翌月、マーケットが大暴落し、1万口の基準価額が３０００円になったとします。このときに、1万円でこの投資信託を買うと、購入口数は3万３３３３口になります。すると、この時点で保有している口数は、最初の1万口と合わせて4万３３３３口になりますから、その後、再び基準価額が上昇して1万口＝1万円になったら、保有している投資信託は4万３３３３円の価値を持つことになります。これは極めて極端な事例ですが、「基準価額が下げたときに、より多くの口数を買うことができる」ため、定額購入を続けると、次の上昇局面ではより早い段階で収益をプラスにできるのです。

実は、こういう経験を数多く積み重ねていくことによって、マーケットの低迷によって基準価額が下落したときの耐性、すなわち腹の据わり方が変わってきます。うまくいった経験したことのない人が危機に直面すると、ひたすら狼狽してしまうのですが、過去に基準価額の下落と、そこからの回復を経験していると、下落したときでも「これで安いところをしっかり買えるな」と思えるようになれます。良い意味での鈍感力が身に付くのです。

したがって、基準価額が急落したようなときは、「基準価額」を見ずに、買い付けた受益権口数を見ることが、積立投資を続けるコツです。たしかに基準価額は下落し、それによって評価益が目減りしたり、場合によっては評価損が生じたりしますが、受益権口数だけは着実に増えています。それも、基準価額が大幅に値下がりしたときほど、より多くの受益権口数を買えているのですから、考えようによっては、暴落ほどチャンスともいえるのです。

このように書くと、「投資信託運用会社が自分に都合の良いことを言っているだけでしょ」と思う人もいるでしょう。また、積立投資を始めたばかりの投資初心者の方にとっては、いくら「大丈夫ですよ」と言われても、自分が保有している投資信託の基準価額が大きく下がれば、間違いなく狼狽するでしょう。

その場合は私たちのセミナーに参加してみてください。セミナーの最後に質問の時間を設けているのですが、たまたまマーケット環境が悪いときに開催すると、初心者の方から「このまま続けていて本当に大丈夫なのでしょうか」といった質問が出てきます。セミナーには、すでにコモンズ投信で積立投資を始めてそれなりの経験を積んだ方もいらっしゃっており、私が答える前に、そういう方が「大丈夫です。私も同じ経験をしましたが、安いところでたくさん買えたお蔭で、いまはきちんとリターンが出ています。止めたらダメです。続けることが大事です」などと答えてくれるのです。

そういう意味では、積立を続ける仲間をもつこともお勧めです。投資環境が悪化して、積立の継続に心が折れそうになったとき、仲間がいればお互いに励まし合って続けやすくなります。セミナーに参加し、帰りに少し感想などを話してみて、その後はSNSでつながるなどして、つながりをつくっていくのは長く継続できるコツだと思います。また、当社自身もSNSでの情報の伝達に工夫をしたり、お客さまの声をシェアさせていただいたりしていますので、参考にしていただければ幸いです。運用会社やそのお客さまと「つながり」を持つことは資産形成に大切なのです。

積み立てる期間は「一生」

「長期投資って何年のことでしょうか？」

セミナーなどで、こうした質問を受けることがよくあります。これについては、明確な定義があるわけではありません。たとえば「長期国債」という、日本政府が発行している国債で「長期」と名の付くものの償還期限は10年です。そのことから、10年を長期ととらえる人もいます。

あるいは、つみたてＮＩＳＡの積立期間が20年なので、20年と考えることもできます。また、コモンズ30ファンドが30年目線の長期投資を行なうことからすれば、30年ととらえることもできます。とらえ方は人によってそれぞれですが、私は冒頭の質問を受けたときに必ず申し上げるのが、「とにかく、一生、積み立ててください」ということです。

お正月に親戚一同が集まると、私が資産運用の世界にいることを知っている叔父、叔母から、「ことしは株が上がるのか？」とか「ことしの見通しは？」といった質問を必ず受けます。長年、マーケットを見てきましたので、簡単に見通しなどについては話すのですが、最後に必ずこう付け加えるようにしています。

「相場の見通しは変わっていくものだけど、いつの時代も変わらないのは、積立投資だけは一生続けたほうがいいということ。これがいちばん、資産をつくれるはずだから」

確実に人の寿命は延びていきます。日本人の平均寿命は、平成29年簡易生命表によると男性が81・09歳、女性が87・26歳となりました。いずれも過去最高を更新しています。医療の発展によって、これからもしばらく平均寿命は延びていくものと思われます。

このように長生き社会になると、当然のことですがお金の問題が生じてきます。生活レベルにもよりますが、公的年金だけでは生活が大変という人もいるでしょう。そういう人は将来、不足すると思われる分については、自助努力で補う必要があります。

だからこそ積立投資になるわけですが、ここで出てくる疑問が、「いつまで積み立てればいいのか」ということです。人によっては、「定年になると収入が増えることもないので、運用は保守的に行ないたい。定年を迎える65歳くらいまでにはリスク資産での運用を減らし、確定利回りの金融商品で安定運用したほうがいい」という意見もあります。

私は前述したようにこれからは寿命自体が伸びていくのだから、積立投資は一生続けたほうがいいと考えています。しかし一方で、積み立てているあいだは一部たりとも解約するべきではないといった、ストイックな考え方もよくないと思います。そこまで思い詰めて投資すると、途中で息苦しくなってしまうからです。お金が必要になったときは、積み立てているお金の一部を解約して使えばいいのです。とくに現役時代は子供の教育資金、住宅資金など、それなりに大きな資金需要がありますから、必要なときは解約してください。

ただし、一部解約して使うのはいいのですが、積立投資は継続しておくべきです。そうすれば一部解約によって資金が減ったとしても、また、積立投資によって資金が徐々に貯まっていきます。解約した時点ですべて止めてしまうと、いつか再開しようと思っても、なかなかできないものです。

そういう意味では、私が考える長期投資とは、「使いたいときには一部を解約するけれども、積立投資はずっと続ける」ということになります。

それは、別に自分の子供や孫に財産を遺そうという話ではありません。自分自身の老後を楽しむためです。

最近、企業を取材していてよく耳にするのが、100年人生が現実化してきて、多くの高齢者が消費を抑えはじめているという話です。みんな自分が高齢になったときに、手元のお金がなくなることに恐怖を覚えています。「自分が生きているうちにお金がなくなったら惨めだ」という意識が強まっているわけですが、一生、積立投資を続けていけば、こうした恐怖から逃れることができると思っています。

もちろん、ご自身にお子さん、お孫さんがいて相続できるならば、生涯で使い切れずお金が余ったら、そのまま相続すればいいだけの話です。しかし、基本的には自分自身の人生を楽しむために、積立投資を一生続けていくことをお勧めします。

積立投資に懐疑的な人への反論

さて、ここまで散々、積立投資を勧めてきたわけですが、なかには「積立投資なんて無意味だ」という意見もあります。

そのロジックは、「投資信託を買うということは、そもそも値上がりすることを前提にしているのだから、わざわざ毎月定額で買う意味がない。それなら最初から割安な水準で一括購入するべきだ」というものです。

この意見に一理あるのは事実です。たとえば基準価額が1万円から2万円に値上がりしたケースを想定してみましょう。

投資家Aさんは基準価額が1万円のときに100万円分を一括で購入しました。その基準価額が2万円に値上がりしたら、100万円が200万円になるわけですから、100万円の利益が得られます。

対して、投資家Bさんは100万円を5回に分けて買いました。1回あたりの投資金額は20万円です。基準価額は1口＝1円で、1万口あたりの基準価額で表示されています。各回の購入時の基準価額と投資金額は次のようになります（カッコ内の数字が投資金額です）。

1回目……1万円（20万口）
2回目……1万2000円（16万6666口）
3回目……1万4000円（14万2857口）
4回目……1万6000円（12万5000口）
5回目……1万8000円（11万1111口）

このようなシミュレーションで積立投資を行なっていった場合、5回に分けて購入した際の総口数は74万5634口になりますので、1万口あたりの基準価額が2万円になったときの総資産額は、1口あたりが2円になりますから、

2円×74万5634口=149万1268円

になります。これにより、投資家Aさんと投資家Bさんの収益は以下のようになります。

投資家Aさん……100万円
投資家Bさん……49万1268円

その差は歴然です。ドルコスト平均法は、マーケットが上昇と下落を繰り返しているときには非常に効果的ですが、投資家Bさんのケースのように、基準価額が上昇トレンドにあるときは、徐々に買付コストが上昇してしまうため、一括購入した場合に比べて不利になってしまうのです。

これが、積立投資に対して懐疑的な見方をする人たちの代表的なロジックですが、その

ように主張する人たちには、「理屈のうえではそうかもしれないけれど、現実的に、本当に一括で買えますか？」と聞いてみたいのです。

おそらく、一括では買えないと思います。投資に慣れていて、かつ投資に回せる資金も豊富であれば、100万円、200万円の資金を一括投資に回すのも容易だと思いますが、しかし、普通のサラリーマンが、自分の月給の数か月分に該当する金額を、この先、どのように動くかわからないマーケットに一括で投じることなど、まずできません。

たしかに投資するということは、投資先となるマーケットが将来、値上がりするという期待に基づいてはいますが、絶対に値上がりするという保証はどこにもありません。100%値上がりするとは言い切れない以上、その不確定要素とバランスを取りながら投資する手法として、積立投資に勝るものはないと思います。

このように言うと、また別の批判が出てきます。これはとくに高齢者の方に多いのですが、「そんなことを言ったって、もう人生はほとんど残されていないのに、積立投資などというまどろっこしいことをしている時間が、私にはないよ」という意見です。

もちろん、それは重々承知しています。50歳の人なら小口で積立投資も可能ですが、70歳、あるいは80歳といった方の場合、自分の余命と積立投資の金額を考えると、「もうそんなに長生きできないのに、毎月2万円の積立投資なんて、まどろっこしくてできないでしょう。

しかし、積立投資=小口投資ではありません。積立投資のメリットは、小口資金でもコツコツ積み立てていけるということももちろんありますが、いちばんのメリットは時間分散が図れることです。株式にしても為替にしても、あるいは債券にしても、マーケットは常に先行きが読みにくいものです。そういうものに投資する以上、自分の投資判断が常に正しいということはありません。常にマーケットの将来を当てることができる人などいないのですから、タイミングを見極めて一括投資で成功すると考えていること自体、無理があると思います。だからこそ、積立投資が誰にとっても、資産形成の近道なのです。

ですから、シニアの方の場合は、持っている資産の額と年齢を勘案しながら、たとえば手元に500万円あるとすれば、50万円ずつ10回に分けて投資するといった方法をとればいいのです。それは長期積とは少し違いますが、積立投資のメリットを限られた時間のなかで享受できる方法だといえます。大事なことは、「小口資金でも投資できる」ということだけではなく、「時間分散の投資が可能になること」なのです。

国際分散投資が効きにくい時代だからこその時間分散

「分散投資」には、前述したように積立投資による時間分散のほかに、異なる会社や、異なる国・地域に分散投資するという考え方があります。

同じ株式市場に投資するにしても、日本の株式市場だけに投資するのではなく、たとえば米国やイギリス、フランス、ドイツ、中国、インドネシア、シンガポール、中南米諸国というように、さまざまな国・地域に分散投資することによって、特定の国・地域で株価が急落しても、他の国・地域の株価が下落していなければ、あるいは上昇していれば、株価下落リスクを軽減できるはず、という考え方です。

この国際分散投資は、私が新入社員として証券会社に入社したときも、いちばん大切な考え方として学びました。資産を守り安定的な運用を考えると極めて重要な手段でした。しかし、この20年くらいでグローバル化が加速度的に進展し、金融市場も世界中の連動性がとても強くなりました。企業のビジネスもどんどん国境を超えていますし、インターネットの世界では、もっと簡単に国境を越えられるようになりました。こうした時代の変化に、国際分散投資による効果は得られ難くなってきました。

近年の事例をみてもその傾向は顕著です。リーマンショックのときは強烈でしたが、震源地米国の株が急落するやいなや、瞬く間にその勢いは伝播して世界中の株が暴落しました。その後のギリシャショック、チャイナショック、そして記憶に新しいイギリスの国民投票でブレクジットが確定したときも同様に、それぞれの国の株価下落を震源地にして、その影響は世界中の株式市場に波及していきました。

グローバル分散投資が有効に機能したのは、それぞれの国が独自に自己完結的な経済活動を行なっていた時代のことです。しかし、経済活動におけるグローバルなつながりは、ここ20年くらいで急速に強まってきました。いわゆるグローバル・サプライチェーンの確立によって、経済は国内自己完結型ではなくなったのです。

たとえば米国のアップルなどは、その代表例でしょう。アップル社の製品は米国内で生産されていません。アップル社の製品のパーツは日本の部品メーカーから調達し、製品の組み立ては台湾や中国で行なわれています。アップルに限らず、このようにグローバルなサプライチェーンを持つ巨大企業はたくさんあり、それが国境を超えた経済的なつながりを一層強めています。したがって、たとえば米国の景気がスローダウンしたら、日本や中国、台湾の景気も後退しかねないのです。

このように実体経済面においてのつながりが強まっていることに加え、インターネットの発展によって地球の裏側で起こった出来事までもが、瞬時に世界中に伝達されるようになったことも、グローバル分散投資が有効に機能しなくなった要因です。

たとえば米国で景気減速懸念が強まり、株価が大きく売られたらどうなるでしょうか。米国で巨額の資金を運用している機関投資家のなかには、これ以上、損失が膨らまないように、株式などのリスク資産の圧縮に動きます。こうした機関投資家はグローバル運用をしていますから、米国の株価急落で米国株を売却するだけでなく、日本や欧州、新興国の株式も売却します。結果として、世界中の株式市場が米国株の下落に連動して売られることになります。

同じことは、他の国にも当てはまります。中国経済がいま以上にスローダウンしたら、イギリスがＥＵから合意なき離脱をしたら、北朝鮮が再び核開発を推し進めたら、やはり震源地となる国だけでなく、世界的に株価は急落するでしょう。

さらには、ＡＩなどのプログラミング売買が、機械的にこうした動きを増幅させる傾向になってきています。

国際分散投資が有効に機能しないのではないかということは、まだ、統計的なデータとして実証されているわけではありません。しかし、運用の現場にいる者として、最近とくにそのことを実感するケースが増えています。分散投資は、資産運用のリスクを軽減させる有効な手段と考えられてきましたが、少なくとも国際分散投資については、その有効性について再考する余地があるのかもしれません。逆にいえば、だからこそ国・地域の分散ではなく、時間的分散、つまり積立投資のリスク軽減効果に注目するべきだとも思うのです。

SECTION 3-2

日本の外部環境の変化に強い企業に投資している理由

「日本はダメですキャンペーン」にだまされるな

「日本株に投資しています」という話をすると、必ず聞かれるのが、「日本はこれから人口が減少するし、高齢化も進む国なのに、長期で投資しても大丈夫なのですか？」ということです。

ここですでに誤解があるのですが、日本経済と日本企業の業績（＝株価）は、同義ではないということです。

少し考えてみればわかることですが、1990年代以降、経済のグローバル化の進展は加速度的に進み、加えてインターネットで簡単に世界はつながるようになったことで、企業もどんどん国境を越えて活動するようになりました。それまでは、グローバル企業といえばネスレやコカ・コーラなど欧米の一部の大企業に限られましたが、いまや日本の中小企業や飲食店などでも海外でビジネスを展開する時代です。つまり企業の国籍とビジネス領域が完全に一致するような時代は終わっているのです。

事実、日本の企業でも売上高の過半を日本以外の海外が占めることは珍しくありません。まさに世界は、ヒト、モノ、カネ、サービスが国境を越えて活発に動く時代になってきたわけです。しかし、一方で、金融市場はインデックス（株式指標）が国ごとに分かれていることが多いように、いまだに企業の国籍で語られることが多く、ここに大きな矛盾が発生しています。日本経済がダメだから日本企業はすべてダメだという発想が、大きな罠に陥っているというわけです。

たとえば、それをサッカーで考えてみましょう。仮に、「日本のサッカーは世界ランキングでは上位に入らないよね」と言われたとしても、日本選手が世界トッププレイヤーになれないわけではありません。事実、中田英寿選手や本田選手、長谷部選手、香川選手など、世界のトップチームで活躍する選手も増えてきました。日本サッカーが強くないので日本人選手もダメということではないはずです。同様に、日本経済が停滞気味だから日本企業も全部期待できないということはありません。

また、金融業界では別の理由で日本株や日本株投信を否定して外国株や外国物の投信を勧める動機がありました。

かつて日本株は証券会社にとって有力な収益源でした。株式の委託手数料が自由化される前は、売買金額が100万円でも片道1％の手数料率でしたから、買いと売りの往復で合計2％の手数料を取ることができました。いまとは比べものにならないくらい高い手数料率です。それだけ収益の柱だったので、当時はどの証券会社も株式の営業に力を入れていました。

ところが、1999年に株式委託手数料が完全自由化され、インターネット証券会社の新規参入が進むようになってから、手数料率は画期的に安くなっていきました。その結果、とくに店舗網を持っている証券会社は、インターネット証券会社に比べて業務効率が悪いため、手数料競争に勝てなくなり、株式委託手数料以外のところに収益源を求めるようになりました。その収益源が、投資信託や保険商品、そして外貨建て商品だったのです。

共通点は、株式の委託手数料に比べて高い手数料が取れることです。投資信託の場合、投資家にとっての購入手数料は全額、販売金融機関に落ちますし、投資信託の信託財産から日々、支弁される運用管理費用の一部が代行手数料として、やはり販売金融機関に落ちる仕組みになっています。たとえば購入手数料が3％でも、運用管理費用が年1・6％であれば、大体その半分に相当する0・8％が、代行手数料として販売金融機関に入ります。これで販売金融機関が受け取れる手数料は、初年度は合計で3・8％にもなります。

保険商品についてはブラックボックスな部分もあるので、正確な手数料率はわかりませんが、一般的には販売金融機関に支払われる手数料は円貨建てで1～6％、外貨建てでは4～9％程度ともいわれ、国会でもその手数料が高すぎると問題になったこともありました。

外貨建て商品は多岐にわたります。外国債券、外国株式、外国投資信託などがそれです。外国株式の個別銘柄に至っては、ブラジル株などの新興国の場合、為替手数料も含めると片道で9％近く手数料が取れることもあったと聞いています。

証券会社は手数料商売です。とくに株式委託手数料が自由化された1999年以降は、日本株に代えてそれまでと同じかそれまで以上の手数料をもらえる商品に力を入れざるを得なくなりました。そのためには、日本株から外国株へ、投資信託も日本株投信からより手数料の高い外国株投信へと営業の中心を変えざるを得なかったのです。結果として、日本経済はダメだ、日本企業はダメだ、となっていったわけです。

日本経済や日本企業はデフレや円高などで苦しんでいた時代もありましたが、証券会社や銀行などからはそれを増幅するようなセールストークが多く聞かれていたわけです。金融機関は、本来は経済の血液としてお金の循環を良くして自国の経済を良くしていく使命があると思いますが、残念ながらそうした光景はあまり受けられませんでした。

私たちコモンズ投信は、日本企業のなかから長期的に企業価値を向上させていける企業を発掘し投資を続けています。これは、前述のサッカーでたとえれば、国全体のサッカーのレベルは世界的には上位でなくとも、世界で活躍できる選手を中心に集めた日本代表チームをつくって応援しているというイメージだと考えています。

世界の成長を取り込むため日本株に投資するという発想

みなさんは、どうして資産運用が必要なのかご存知でしょうか。

「少しでもお金を増やすため」

「将来が不安だから」

人によっていろいろな答えが出てくると思いますが、いちばん大切な理由は「インフレに負けないため」です。

では、どうしてインフレに負けないようにする必要があるのでしょうか。

それはお金の価値を目減りさせないようにするためです。

たとえば物価が年2％ずつ上昇するとします。日本では日本銀行が物価目標値を2％に設定しています。もっと具体的にいうと、消費者物価上昇率が年2％になるように経済の活性化を図ろうと考えているのです。ちなみに2019年4月の消費者物価指数は、生鮮食品を除く総合の数値が、前年同月比で0・9％です。これを2％にまで引き上げるというのが目下、物価の番人である日銀に課せられたミッションです。

近い将来、2％という物価目標値が達成されたとしましょう。このとき、預貯金の利率がいまと同じ0％に近い水準だったら、どうなるでしょうか。

たとえ話をひとつ挙げたいと思います。

いま1000万円の定期預金が満期になりました。この満期金で自宅のキッチンをリフォームしようかどうか迷いながらも、工務店にいくらかかるか聞いてみました。すると、1000万円という答えが返ってきました。

たしかにいま、手元に100万円の満期金があるので、ギリギリではありますが、リフォームできます。

しかし、やはり100万円が手元からなくなるのは、いささか辛いなという気持ちもあり、結局、もう少し我慢して、せめてあと1年、このキッチンを使おうと考えました。

そして1年後……。同じ工務店に電話をかけ、いよいよリフォームの決心がついたので、もう一度見積もりを出してもらいたいと言ったところ、資材や人件費の値上がりによって、リフォームにかかる費用は102万円になっていました。

ところが、1年前にリフォームを見送ったとき、100万円の満期金をそのまま同じ定期預金で継続運用したのに、預貯金の金利はほぼ0%だったため、利息はほとんど付いていませんでした。結果、手元の資金は100万円で、新たに見積もってもらった金額に2万円、足りません。

これがインフレです。消費者物価指数で年2%の上昇率を目指しているのは日本だけではありません。米国や欧州など先進国各国の中央銀行が目標値として掲げている数字です。ということは、もし日本で今後もデフレ的な経済情勢が続いたとしても、海外諸国が2%の物価目標値を達成してきたら、海外から資源・エネルギー、食糧などさまざまなモノを輸入している日本国内でも、海外のインフレの影響を受けることになります。

年2％のペースで物価が上昇し続ければ、今後10年間で、消費者物価は20％以上、上昇することになります。いま1000円で買えるモノが1200円以上になるわけですから、その分だけ現金の価値は目減りすることになります。

タンス預金で現金のまま持っていたら、インフレの影響をモロに受けて、手持ちの現金の価値は下がっていきます。タンス預金ではなく、銀行に預金していたとしても、今後、そう簡単に金利が上がらないとしたら、インフレの影響を受けてその価値は減っていくことになります。つまり、元本は安全だと思ってお金を持っていても、それが減ってしまうのと同じことです。

そのようにならないためには、物価目標値である2％を超えるリターンが得られる何かにお金を変えておく、つまり運用する必要があります。これが資産運用の必要性です。

では、どうすれば物価目標値を超える運用ができるのでしょうか。

答えは簡単で、世界の成長を資産運用に取り込めばいいのです。世界の名目GDP成長率は、3％＋αです。

コンサルティング会社のプライスウォーターハウスクーパーズの調査レポート（2017

年）によると、世界経済の規模は2042年までに倍増し、2016年から2050年までで、年平均実質成長率約2・5％強のペースで成長するとしています。実際、ここ数年の世界経済の成長率は3％台で推移しています。

これと同じように長期的に増える金融商品があったら、それを買うことによって資産を運用したいと思うはずです。そのためには、こうした世界経済の成長を取り込めるような金融商品、すなわち株式を買えばいいのです。

世界経済の成長を取り込むための方法は2つ考えられます。

第一は、世界中の株式市場に投資する方法です。全世界株式インデックスは多くの銀行・証券会社で取り扱っています。最も簡単で、かつ確実に世界経済の成長を取り込むことができます。しかも、インデックスファンドですから運用管理費用などの運用コストが割安です。ただし世界株式インデックスですから、為替リスクがあります。

もうひとつの方法は、グローバル企業の株式に投資することです。

たとえばここに1人のスイス人がいるとします。スイスは日本より先にマイナス金利が導入されていますから、預金で運用しても日本同様に利息はつかない状況です。

そこで、そのスイス人は、自分がよく知っている企業の株式に投資しようと思い立ちました。スイスですから、ネスレなどが代表的な企業です。ネスレは日本でもインスタントコーヒーをはじめとする商品で知られていますが、日本でいうトヨタ自動車みたいなスイスのトップ企業です。

さて、スイス人にとってネスレは、紛れもなく国内企業ですが、ネスレは日本人でも多くの人が知っていることからわかるように、世界ナンバーワンのグローバル食品飲料メーカーです。ネスレの財務データを見ると、売上の99%、利益の98・5%が、スイス以外の海外諸国から得たものです。ということは、スイス人がネスレの株式に投資すれば、スイス人にとっての国内企業投資ではありますが、同時に世界の成長を取りにいくのと同じ効果が得られるのです。

グローバル企業に投資することのメリットは、世界経済の成長率よりも高い成長率が期待できることです。あくまでも期待値ですが、世界経済の成長率が2%＋αであるのに対し、グローバル企業経営の経営者は通常10%程度の成長率を目標にしています。企業経営の観点からすれば、そもそも全体の経済成長率と同じだけの成長なら平均を目指すことになりますから、優良な企業ほど、それよりも高い成長率を目標に掲げて、日々の経営を行なっていくわけです。ということは、グローバル企業の株式に投資することによって、経済成長率を大きく上回るリターンが期待できるというわけです。

そうした企業を選別して投資するためのコストはインデックスファンドを買うのに比べると割高ですが、リターンの高さでそれをカバーできるはずです。

優良なグローバル企業は世界中にたくさんあります。しかし、自国のグローバル企業に投資すれば、為替リスクを気にする必要はなくなります。たとえば日本人が半導体製造装置で日本を代表する東京エレクトロン（海外売上比率87％）の株式に投資したときには、売買はすべて円で行なわれますから、直接的には為替変動に伴うリスクを被ることはありません。もちろん、東京エレクトロンが海外展開を行なっていくなかでは為替リスクが生じるわけですが、それはすべて企業がリスクをコントロールします。つまり、日本人が日本のグローバル企業の株式に投資すれば、直接的に為替リスクを被ることなく、世界経済の成長を取り込むことができるというわけです。

ちなみにコモンズ30ファンドに組み入れられている銘柄でいうと、２０１９年5月現在、30銘柄のうち21銘柄の海外売上比率が50％を超えています。かつそのうち11社の海外売上比率は70～80％にも達しており、まさに世界経済の成長を取りにいくことができるポートフォリオになっています（**図表３－２**）。

図表3-2 ● コモンズ30ファンドの投資先の海外売上高比率

1	ホンダ	88%
2	東京エレクトロン	87%
3	シスメックス	84%
4	コマツ	84%
5	ディスコ	83%
6	マキタ	83%
7	日揮	79%
8	ダイキン工業	76%
9	日東電工	74%
10	信越化学工業	74%
11	SMC	70%
12	クボタ	68%
13	堀場製作所	67%
14	クラレ	64%
15	デンソー	60%
16	ユニ・チャーム	59%
17	味の素	55%
18	資生堂	55%
19	東レ	54%
20	日立製作所	50%
21	エーザイ	50%

※2018年3月末時点
　50％以上の企業のみ掲載
出所：企業公表資料などからコモンズ投信作成

経済成長の源泉は人口増加

そもそも、世界の名目GDP成長率が2%＋α成長するという根拠は何でしょうか。それは人口動態にあります。

経済の規模は教科書的にいうと、「人口×生産性」で求められます。つまり人口さえ増えていれば、経済の規模は拡大します。

戦後、日本が高度経済成長した理由は、もちろん自動車産業、家電産業などが大きく伸びたからではありますが、ベビーブームによって人口が急増したことも強く後押ししました。

ちなみに戦後の日本の総人口は、終戦直後の1945年には7214万7000人でしたが、1948年には8000万人台を突破しました。その後も順調に増加して、1956年には9017万2000人に、1967年には1億19万6000人と初めて1億人を超えてきたのです。こうした人口の急増が、日本経済を大きく押し上げたのです。

今後はどうかといえば、ご存知のように、日本の総人口は2008年の1億2808万

８０００人をピークに、徐々に減少傾向をたどっていますが、世界の人口はこれからもしばらく増え続けます。

国連の数字などを基にして総務省が作成した世界人口の推移を見ると、１９５０年は全世界で25億３６００万人だったものが、２０００年には61億４５００万人になり、２０１１年には70億４３００万人になり、２０１８年は76億３３００万人に達しました。しかも年々、人口増加のピッチが速まっており、今後の見通しだと２０２５年に81億８６００万人、２０５０年には97億７２００万人となり、２１００年には１１３億人になるといわれています。

人々が生きていくうえでは衣食住が必要です。リーマンショックが起こったからといって、人々が何も食べなくなったり、裸で外出したり、野宿したりすることはあり得ません。人々の生活に必要なものをつくっていて、グローバルに展開しており、海外の競合を相手に勝てるだけの競争力を持っている日本企業はどこなのか。こうした企業が長期投資の対象となっていくわけで、それを探すのが私たちの仕事ということになります。

ユニ・チャームのケース

ひとつ事例を挙げてみましょう。銘柄はユニ・チャームです。この銘柄は、コモンズ30ファンドで約9年間、投資し続けています。

ユニ・チャームが設立されたのは1961年のこと。四国は愛媛県で産声を上げました。いまの社長、高原豪久さんは大学卒業後、都銀を経て1991年に入社した二代目です。私はセミナーで「1990年頃にユニ・チャームの社長をやりませんかと言われたら、誰でも躊躇したと思いますよ」と言っています。

ユニ・チャームが「ムーニー」ブランドで紙おむつ市場に参入したのは1981年のことでしたが、すでに日本の出生率は低下傾向をたどっていました。出生率が2人を維持していたのは1974年までのことで、1981年時点では1・74人でした。ちなみに1990年のそれは1・54人で、明らかに減少傾向をたどっていたのです。

紙おむつを主力ビジネスとしているのですから、子供の数が減れば、それだけ需要が後退して、業績の悪化につながる恐れが生じてきます。それが明らかな企業に入り、いずれは社長になるというのは、誰でも躊躇すると思います。

しかし、ユニ・チャームの業績はそこから大きく伸びたのです。とくに2001年に高原豪久さんが社長に就任してから、ユニ・チャームの売上は4倍近くになりました。株式の時価総額は7倍です。どうして、赤ちゃんの数が減っていく日本で、ここまで業績を大きく伸ばせたのかというと、海外に新しいマーケットを求めたからです。

コモンズ30ファンドでユニ・チャームに投資したのが2010年のことです。それ以前から良い会社だなとは思っていたのですが、ユニ・チャームとユニ・チャームペットケアの親子上場だったため、投資を控えていました。

ところが、2010年に両者は統合され、新生ユニ・チャームになったため、いよいよ投資を始めたのです。投資した当時の海外売上比率は30％程度。そこから5年たらずで60％になりました。しかも2017年まで9年連続過去最高益を更新し続けました。2018年は減益となりましたが、2019年決算では再び過去最高益を更新してきています。

9年連続で過去最高益更新ということですが、この間には2008年のリーマンショックがあり、2011年の東日本大震災があり、1ドル＝75円の超円高局面もありました。その都度、ユニ・チャームも含め日本株は大きく売られましたが、ユニ・チャームの業績は過去最高益を更新し続けていました。だから、私たちも自信を持って、同社の株式に投資し続けることができたのです。

これからも株価を大きく揺るがす出来事は度々、起こると思っています。残念ながらリーマンショックのようなこともどこかで起きるでしょう、また、大きな震災などの天災もいずれは起こる可能性を否定できません。一時的な円高もあるでしょう。しかし、過去にそうした大きな苦難を連続最高益で乗り越えてきたユニ・チャームは、そのときの経験を活かしてさらに筋肉質な経営体質になっていますので、仮に同じような苦難に直面してもその強さを発揮して乗り越えてくれることでしょう。

このように、さまざまな苦難に直面しながらも過去最高益を更新し続けられたのは、ユニ・チャームという会社が高い競争力を持っているからです。

たとえば紙おむつの利用率は、日本においては100％ですが、中国ではまだ20％程度です。年間1700万人（ユニセフ世界子供白書2017）もの赤ちゃんが生まれているにもかかわらず、紙おむつの利用率はまだまだ低いのです。

インドに至っては、中国よりも多く2500万人（ユニセフ世界子供白書2017）の赤ちゃんが生まれているにもかかわらず、紙おむつの利用率はたったの3％です。世界で最大の人口を抱えている中国とインドにおける紙おむつの利用率を見れば、まだこの先も相当の伸びしろがあると考えることができます。

では、紙おむつや生理用品、高齢者向け紙おむつの市場において、ユニ・チャームは世界的にどの程度の位置にいるのかを見ると、それぞれにP＆Gなどが上位にいますが、赤ちゃん用の紙おむつが10％で世界3位、生理用品が9・9％で世界2位、高齢者向け紙おむつが11・2％で世界3位というシェアになっています。地域をアジアに限定すると、いずれの分野もP＆Gなどをおさえてトップシェアを誇っています。アジアには中国、

図表 3-3 ● アジアに強いユニ・チャーム

出所：ユニ・チャームのHPより

インドという、これからさらに大きく伸びる可能性のある国も含まれているのですから、それらの国で本格的に赤ちゃんの紙おむつが普及してくる段階となれば、ユニ・チャームの世界シェアはさらに上昇する可能性があります（前ページ図表3－3）。

しかも、ユニ・チャームは自らマーケットをつくりにいっています。

たとえばインドでは、生理用品を使っている女性が非常に少ないのですが、それは母親や学校教育で生理用品の重要性を教えてもらっていない部分が非常に大きいのです。そこでユニ・チャームは地元の大手のNGOと組み、さらにJICA（国際協力機構）のサポートも得て、インドの小学校や地域を一つ一つ回り、自分たちの商品を配布しながら、衛生教育を行なっています。

このように自らマーケットをつくり、ブランドを浸透させようとしている企業の競争力が弱いはずがありません。まさに、それが競争力の源泉になっているのです。

もちろん、ユニ・チャームのような企業はそう簡単に見つかりませんが、それでも一所懸命に探せば、数十社はあります。このように、世界でシェアを取れる企業の株式に投資すれば、日本株への投資でも、世界の成長を十分に取り込むことができるのです。

成長を取り込む＝新興国投資は安易な考え方

長期的な成長を取るという話になると、必ず出てくるのが新興国投資です。新興国の定義ですが、経済水準は米国、日本、イギリスやドイツ、フランスといった先進国に比べて低いものの、高い経済成長が期待できる国というところでしょうか。

具体的な国・地域名を挙げると、中国やインド、ＡＳＥＡＮ諸国、中南米諸国、アフリカ諸国、東欧諸国などが含まれます。

中国が新興国かといわれると、いまやＧＤＰで見れば米国に次いで世界第2位ですから、もはや新興国とはいえないと思いますが、その経済成長率はかつてに比べて低くなったとはいえ、それでも6％台を維持しています。米国や日本などの先進諸国に比べれば、まだ十分に新興国の一角ととらえてもいいのかもしれません。

「中長期的に高い経済成長が期待できる国・地域」

「いまの新興国は日本の昭和30年代のようなもの」

「いずれ米国や日本のＧＤＰを超える経済成長が期待できる」

だから、新興国のインデックスファンドを買っておけば、自分の資産が中長期的に大きく増えるはずと思っている人は多いのではないかと思います。

それは本当でしょうか。

私は、大きな誤解があると思っています。たしかに、新興国・地域の経済水準は、これから高まっていく可能性はあります。しかし、問題はその国の企業がどの程度成長するのか、ということです。

ベトナムでもインドネシアでもいいのですが、新興国の株価インデックスを構成する企業が何かをきちんと調べてみれば、大半が内需型企業だとわかります。ベトナムの株価インデックスであれば、ベトナムのゼネコン、金融、不動産、エネルギーなどに関連する企業が入っているのですが、少なくとも現時点において、ベトナムのこうした企業はグローバル展開のステージには達していません。まだまだ地場産業の域を抜け出ていないのです。

よく考えてみてください。みなさんはインドネシアの自動車メーカーが製造している自動車に乗っていますか？

インドネシアには、アストラインターナショナルというコングロマリットがあり、その自動車部門が世界中の自動車メーカーと合弁企業を設立して自動車を生産しています。しかし、日本でその自動車に乗っている人は、皆無でしょう。日本に入ってくる輸入車といえば、ドイツのメルセデス、ＢＭＷ、フォルクスワーゲン、イギリスのジャガー、ランドローバー、フランスのシトロエン、ルノー、イタリアのアルファロメオ、フィアットあたりが定番です。つまりインドネシアの自動車産業はまったくグローバル化しておらず、あくまでもインドネシア国内の需要に応じているだけと考えることができます。

あるいはベトナムの製薬業界を見てみると、近年、東南アジアの医薬品新興市場は注目され、そのなかでもベトナムの医薬品業界は注目を集めています、しかし、それでもベトナムの製薬会社が日本や先進国に進出してビジネスを展開しているとの話は聞きません。むしろ、ロッシュ、ファイザー、ノバルティスなどの世界的な製薬会社が新興国に外資として進出しているのです。

しかし、ベトナム株のインデックスファンドが組み入れているのは、あくまでも自国製薬会社の株式であって、ロシュやファイザー、ノバルティスの株式ではありません。ということは、ベトナム経済の成長と、ベトナムインデックスの値動きは決してイコールではないことになります。ベトナムのインデックスファンドを買った人は、ベトナム経済そのものを買ったつもりになっていますが、実態としては、そうなっていないわけです。

このように、新興国はまだまだ上場している産業にも偏りがあり、その国の株式市場がその国の経済全体を反映しているわけではないのです。

もし、どうしても外国の成長を直接享受したいと考えるなら、私はニューヨーク・ダウのインデックスファンドを買ったほうがいいと思います。というのもニューヨーク・ダウを構成している銘柄は、インテル、マクドナルド、P&G、ジョンソン&ジョンソンというように、グローバル企業ばかりだからです。

CHAPTER
4

投資で勝てる人になるための習慣を身に付けよう

SECTION 4-1

投資で勝てる人になるために選ぶべき投資対象とは？

「アクティブファンド」は習慣化に効く

前述したように、投資で勝てる人になるために必要なのは、①長期で投資することと、時間分散の効果を最大限に活かすためにも、②積立投資をすること、の2点が最も大事です。それにもうひとつ付け加えるとしたら、投資信託での運用であれば、この①と②をサポートする意味でも、③アクティブファンドを選ぶことをお勧めします。この3つを常に意識し、それを習慣化して投資すれば、資産をしっかりと増やしていくことができます。

長期で投資することと、積立投資をすることについてはここまでに説明してきましたが、なぜアクティブファンドだと投資し続ける習慣が身に付くのでしょうか。現時点で私が思うのは、アクティブファンドの場合、きちんと銘柄を選んで投資しているという行為自体が、投資環境の良し悪しに関係なく、ポジティブな気持ちでいられることにつながりやすいからです。

たとえば日経平均に連動するインデックスファンドであれば、大雑把にいって日本経済全体にコミットした運用を行なうものといえます。日本人であれば、誰でも愛国心はあると思いますが、日本経済全体の未来を考えたとき、果たしてこれから長期にわたって成長していくはずというポジティブな気持ちになれるでしょうか。おそらく多くの人が、日本経済全体の未来に対してはむしろ不安なイメージを持っているのではないかと思います。

人口は減少傾向をたどっている。

超高齢社会になっていて経済の活力は低下している。

GDPは中国に追い抜かれて世界3位に転落し、まだまだ下がりそう。

物価目標値を達成するために超金融緩和政策を続けているが、物価が上がらない。

果たして「アベノミクス」は成功したのだろうか。

挙げていくとキリがありません。そして、このようにネガティブな言葉ばかりが出てくるような投資対象に対して、長期にわたって投資し続けているあいだには、「間違いではないだろうか」「大丈夫だろうか」という気持ちになるときが少なからずあると思うのです。

これは日本だけでなく海外についても当てはまります。

中国株のインデックスファンドに投資するとしても、共産党一党独裁政治のサスティナビリティや金融不安、経済成長率の低下などが気になります。

米国株のインデックスファンドであれば、やはりトランプリスクであり、景気がピークアウトするのではないかということへの不安感が頭をもたげてきます。

欧州株のインデックスファンドであれば、イギリスがハードブレクジットに踏み切るリスクや、マーケット環境が悪くなると常々いわれる南欧諸国のデフォルト問題が、ネガティブな要因として浮かんできます。

一般に、新聞やテレビはネガティブな見方による批判が多いですから、日々ネガティブな情報が自然と入ってきます。経済全体というのはそもそもがつかみどころがない投資対象ですから、「いや、こういう理由だからきっと良くなるなずだ」といった具合に、ネガティブな情報に打ち勝つような自分なりの確信を持つこともなかなかできないでしょう。するとやはり、長期にわたって投資し続けているあいだには、「間違いではないだろうか」「大丈夫だろうか」という気持ちになるときが少なからずあると思うのです。

一方、経済全体はともかくとして、個別に企業を見ていくと、いつの時代でもどんな環境下においても頑張っている経営者や企業があります。経営者のリーダーシップが優れ、決算などの数字でわかりやすく結果をきちんと出し、その理由もロジカルで理解できるものであったりします。

こういう「よくわかる投資対象」であれば、自分なりの確信を持つことができ、自信を持って投資し続けることができるでしょう。私は、株式投資というのはあくまでも企業の株式に投資して、その将来性にコミットしていくものだと思っています。個別企業の業績は、もちろん経済全体の動向に左右される部分はありますが、やはり最終的には企業それぞれが持つ成長力こそが、株価の上昇を通じて投資のリターンに反映されていくのです。

経済全体を評論家のようにながめるのではなく、個別企業の具体的な動きを見ることによって、未来に希望が持てるようになり、長期的に投資し続ける習慣が、自然のうちに身に付いていくのです。

「運用者の顔が見える」ことが習慣化に効く

投資し続ける習慣を身に付けるためには、もちろんアクティブファンドならどれでもいいというわけではありません。

アクティブファンドを選ぶ視点はいろいろとあると思いますが、私は運用者の顔が見えることも、大切な視点のひとつだと思います。

104ページで触れましたが、2016年に株価が乱高下するなかで、最終的にきちんと利益を得られた投資家は、保有し続けられた人でした。

リーマンショックのときも同じです。当時は世界中で金融マーケットはとんでもないことになるという見方が大勢を占め、株価は大暴落しました。コモンズ投信も、こうした厳しい環境下での船出になったわけですが、あの下落相場を乗り越えた人はいま、かなりのリターンを得ています。

どの程度のリターンになっているのかを具体的にシミュレーションしてみました。日経平均株価を基準価額に見立て、2007年1月から2019年3月まで積立投資を続けた場合のシミュレーションです。毎月の買付金額は3万円、月末時点の日経平均株価の水準で定額購入するという前提条件です。

２００7年1月から２０１９年3月までの積立回数は１４7回です。毎月の積立金額は3万円ですから、この間に積み立てた現金の額を単純に合計すると４４１万円になっています。

では、これだけの現金を、日経平均株価に積立投資してきた結果は２０１９年3月末時点でいくらになっているのでしょうか。結論をいうと、７０５万８１１８円です。

リーマンショックという未曾有の株価暴落、その余波を受けた欧州通貨危機がありました。日本ではこれに東日本大震災があり、さらに２０１６年のチャイナショック、ブレクジット、トランプ政権誕生といったように、この12年間で何度も厳しい株価下落局面を経験してきました。しかし、そうしたなかでも、ずっと積立投資を続けていた人は、たとえその投資対象が日経平均株価であったとしても、しっかり利益が出ているのです。これは、どうすれば投資で勝てる人になれるのかを考えるうえで、非常に大きなヒントだと思います。

結局、リーマンショックでいちばん損をした人というのは、あの株価暴落で大きな含み損を抱え、投資に嫌気が差して持っていた投資信託（あるいは個別株式）を全額売却してしまい、そこで投資を止めてしまった人なのです。

逆に、さまざまな試練を乗り越えながら、淡々と積立投資を続けていた人は、前述したようにきちんと利益を得ることができたのですが、それ以上に利益を得た人もいます。それは、暴落した時に多めの金額で投資できた人です。

先と同様のシミュレーションを用いて計算してみましょう。たとえばリーマンショックをチャンスだと思って、いつもよりも大きな金額で投資したケースです。ここでは、2008年10月から2009年6月までのあいだ、毎月20万円ずつ投資したことにしています。

この場合、投資した総額は594万円ですが、収益も含めた資産総額は1082万9577円になりました。

投資効率を比較してみましょう。毎月3万円ずつ定額購入した場合、441万円の投資元本が1・6倍になりました。

これに対して、リーマンショック後の9か月間のみ積立金額を増やした場合は、594万円の投資元本が1・8倍になっています。このケースでは、リーマンショック後の9か月間しか増額積立をしていませんが、その後も同様に、暴落や急落といわれるような株価下落局面で増額積立を行なうことができていれば、投資効率はさらに上がったはずです。前置きが長くなりましたが、何が言いたいかといえば、このような暴落時でも投資を止めず、続けられるようにするためには、運用者の顔が見える投資信託を選ぶことが大事だと思うのです。生産者やつくり手の顔が見えていると、その作品を大切にすることにつながるのと同じです。コモンズ投信の場合、運用者の顔が見えるようにするために、「コモンズ・メソッド」ともいえる仕組みを大切にしています。

CHAPTER 1でも触れたように、コモンズ投信では心が折れずに長期で積み立てを続けられる仕組みとして、「見える化と対話」、「親子」、「寄付（ソーシャル）」の3つを大切にしているのです。

どのような銘柄に投資しているのかを、レポートやインターネットを通じて常時開示するだけでなく、セミナーを通じて投資先企業と受益者が直接コミュニケーションする場をつくり、親子でお金のことを考えるイベントを開催し、社会起業家に寄付・応援をするための「コモンズSEEDCap」や障がい者スポーツの団体に寄付・応援をする「コモンズPOINT」を企画・運営しているわけですが、いずれもファンドを保有してくださっている受益者と、コモンズ投信のスタッフが直接、顔を合わせる場にもなっています。

現在、社内のＫＰＩとして、こうしたイベント・セミナーを、全国規模で年間１５０回は最低でも行なうことにしています。こうしたイベントを通じて、私たちとコミュニケーションをとっていただくことによって、投資信託を長期保有するモチベーションを高めてもらうきっかけになればと考えています。

SECTION 4-2

投資で勝てる人になるために必要な行動とは

「ときどき見る」ことが習慣化に効く

投資信託でも個別銘柄投資でも、「長期投資したかったら、買った後で値段を見るな。持っていることを忘れてしまうくらいがちょうどいい」と言われます。

たしかに毎日株価や基準価額を見ていると、値動きが気になって仕方がなくなります。値上がりすれば喜び、値下がりしたら落胆する。それを繰り返しているうちに、段々と疲れてしまいます。しかも、日々の値動きを見ていると値動きに振り回されてしまい、変なところで買ったり売ったりしてしまいます。これでは長期で続けることは無理でしょう。

たとえばコモンズ30ファンドのポートフォリオに組み入れられている資生堂の株価を見

てください（**図表4－1**）。資生堂はコモンズ30ファンドを設定して、運用を開始した当初から組み入れていて、10年以上保有している銘柄です。

コモンズ30ファンドが最初に資生堂に投資したときの株価水準は1730円程度でした。2019年4月末時点では8718円ですから、この10年間で株価はざっと5倍になっています。個人投資家が好きな中小型株式のように、ほんの数か月間で何倍にもなるような激的な値上がりの仕方ではありませんが（同様の値下がりもあることに注意してください）、資生堂のような大企業の株価でも、銘柄選びさえしっかりしていて、かつ長期間保有すれ

図表4-1 ● 資生堂の株価の推移

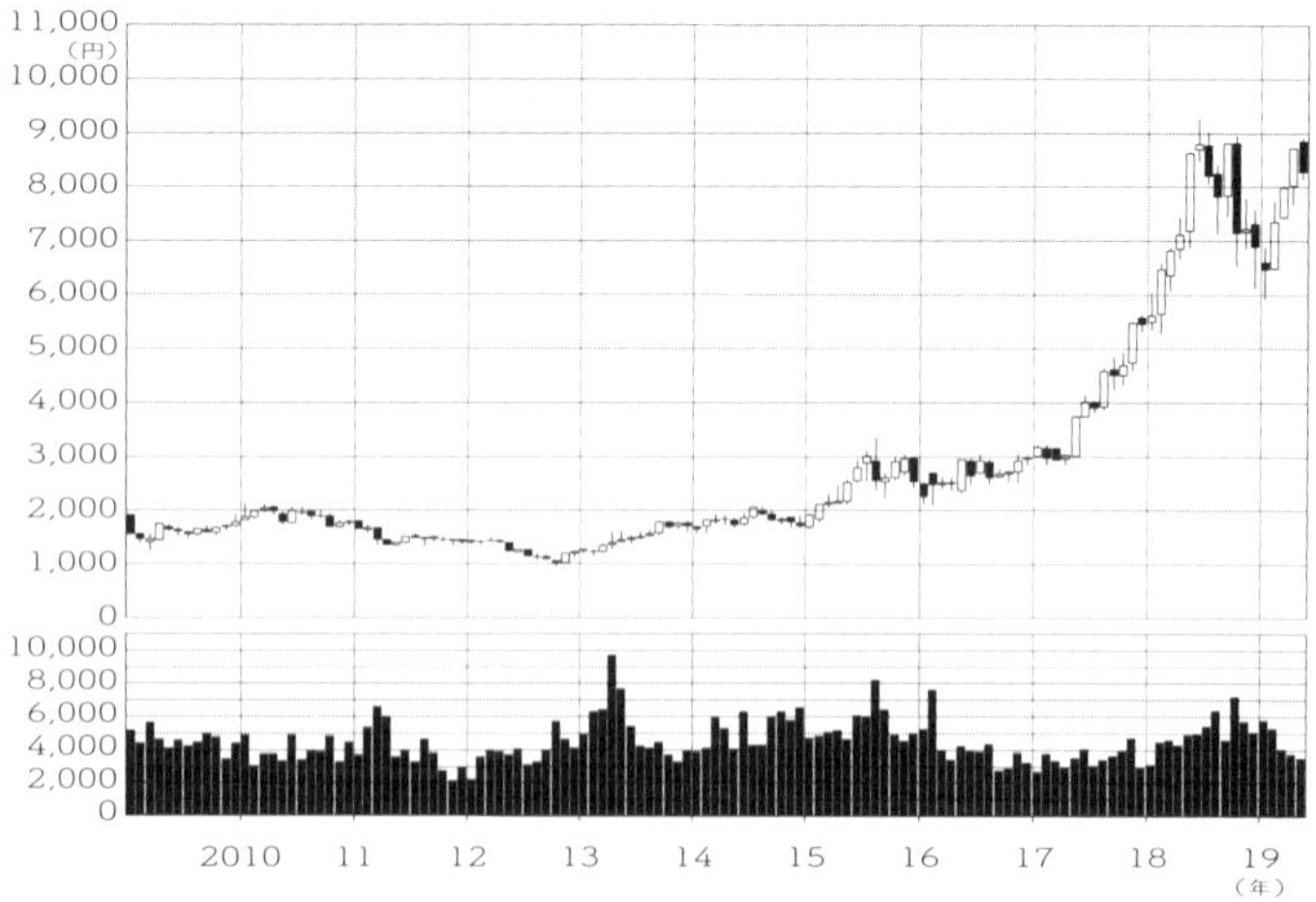

ば、こうした値上がり益を得ることができるという好例です。これが長期投資の醍醐味です。

ただ、逆に資生堂の株を使って10年間で株価のタイミングを見て売買を繰り返して、資産を5倍にしようと考えると、気が遠くなります。私ならお願いされても断ります。それは実現が困難だからです。

運用の世界では株価をタイミングで売買して一度成功しても繰り返し成功する再現性は低いといわれます。一方で、成長企業を見つけることを継続する再現性のほうが高いともいわれています。

そもそも、株価は1日で10%も上下することは珍しくありませんが、企業の価値が1日で10%も上下するはずはありません。企業価値は、社員とお客さまでつくられていくと思っていますが、1日でそれが10%も上下することは通常ありえないのです。社員の日々の努力の積み重ねが大きな価値創造につながっていくはずで、それを見極めて確信が持てれば長期で保有するのです。

「小さいことを積み重ねるのが、とんでもないところへ行くただひとつの道だと思っています」というのは、米国大リーグで大活躍したイチロー選手の名言ですが、これは企業が長期的に大きな価値創造をするプロセスとも通じます。とんでもないところへ行くには、企業もコツコツとたゆまぬ努力を積み重ねることが大切なのです。それを投資家として享受できるのは短期的な株価の売買ではなく、企業の長期的な努力に寄り添う長期投資だけだと思っています。

冒頭で紹介したように、「長期投資したかったら、買った後で値段を見るな。持っていることを忘れてしまうくらいがちょうどいい」と言われているのは、目先の株価の値動きによって投資判断を誤らないようにするため、あえて投資で必要な行動の一部を制約する自己防衛策のひとつといってもいいでしょう。ノイズを減らすということです。

ただ、完全に放置して株価を見ないことには問題があります。これは株式投資であっても投資信託であっても同じです。もちろん毎日のように株価や基準価額を追う必要はありませんが、せめて3か月に1回くらいは株価や基準価額をチェックしたほうがいいでしょう。そのときに大切なことは、自分が投資することを決断したときのイメージと照らし合わせてみて、「いまの状態が、投資を決めた当時のイメージどおりに進んでいるかどうか」を確認することです。

個別企業の株式であれば、投資する前に業績をチェックするでしょう。それも今期発表された業績だけでなく、来期、あるいは来々期の業績予想もチェックするはずです。また業績や財務諸表のような数字で目に見える価値だけでなく、その企業が持っている社風や文化なども、銘柄を選ぶ際の判断基準になっているはずです。

こうした前提条件が崩れたら、その銘柄を持ち続ける理由がなくなっていることになります。結果として、売るというのは当然のことです。

投資信託の場合でいえば、たとえば、「このファンドは日本のグローバル企業を投資対象にしていて、長期保有で未来の成長を取りにいく」という運用方針に共感して投資したのに、それから数年が経過してふと運用報告書を見たら、グローバル企業ではなく内需型の中小型株ばかりに積極的に投資していたといった場合、明らかに自分が投資したときの前提条件が崩れていることになります。

こうした投資信託の運用方針の変更は、定期的にチェックしておかないとわかりません。また、運用コンセプトだけでなく、保有ファンドの純資産総額もチェックする必要があります。たとえば過去1年間の基準価額が10％上昇していたのに、純資産総額は逆に30％減ったとしたら、ファンドからかなりの資金が流出していることになります。資金流出が続けば、いずれそのファンドは運用難に陥ります。

このように、運用コンセプトが大きく変わっていたり、明らかに資金流出の傾向が見られたりしたとき、あるいは急激な資金流入が起こったときも運用がむずかしくなりますから、投資したときの前提条件に立ち返って、投資を止めて解約することを真剣に考えたほうがいいでしょう。

このことからわかるように、こうした変化に気付いて投資を中止するためには、そもそも投資する前に、「なぜ自分はこの投資信託（個別企業）に投資するのか」という理由を、ある程度でいいのでイメージしておきましょう。たんに、誰かに勧められたから買ったという程度の理由では、後々の行動がすべてあいまいに流されてしまう可能性があります。

長期的な資産形成を実現するためには、自分がエントリーするときに、なぜ投資するのかをイメージし、あとは3か月に1度程度の定期点検を行なって、いまの運用状況が当初のイメージに対して大きく乖離していないかどうかをチェックする習慣をつけることが大切です。

「受益権口数を見る」ほうが習慣化に効く

これは投資信託を積み立てることによって資産形成を行なう際に、とくに留意しておくべきことですが、基準価額にはこだわらないようにしましょう。それが、長く積立投資を続けていくためのコツにもなります。

いま自分が保有している投資信託の資産価値がいくらなのかは、単純に「数量×基準価額」で計算できます。

たとえば1万口あたりの基準価額が1万3000円で、保有している口数が全体で50万6000口だとします。1万口あたりの基準価額が1万3000円ということは、1口あたりの基準価額はその1万分の1になるので、

1万3000円÷1万＝1・3円

になります。保有している口数が全部で50万6000口なので、

50万6000口×1・3円＝65万7800円

というのが、いま自分が保有している投資信託の資産価値になります。

ところで、自分がいま保有している投資信託の損益状況がどうなっているのかを把握する際、基準価額しか見ない人が結構いらっしゃいます。

もちろん一括で購入した場合は、途中で一部解約でもしない限り、保有している口数は変わらないので、自分が購入したときの基準価額に比べて、いまの基準価額がどうなっているのかによって、損益状況はすぐに計算できます。

しかし、積立投資の場合はそう簡単ではありません。基準価額が日々変動しているのはもちろんですが、毎月積み立てていくため、保有している口数が変動するからです。つまり基準価額を見るだけでは、自分が保有している投資信託の損益状況を判断しにくいのです。

たとえば毎月5万円ずつ積み立てたとします。月々の基準価額は、1万口あたり次のように推移しました。

1回目……1万円
2回目……5000円

3回目……8500円

基準価額だけを見ていると、積立投資をスタートさせたときの基準価額が1万円で、3回目の積立を行なった時点の基準価額が8500円なので、何となく損をしているような感じがするでしょう。

実際はどうなのでしょうか。毎回の購入口数を計算すると、次のようになります。

1回目……5万口
2回目……10万口
3回目……5万8823口

1回目から3回目までの購入口数を合計すると、20万8823口になります。また、3回目の積立投資を行なった時点の基準価額は、1万口あたり8500円ですから、1口あたりだと0・85円。これに20万8823口をかけると、17万7499円になります。月々の積立金額は5万円ですから、3回目の積立投資が行なわれた時点での投資元本は15

万円です。ということは、すでに利益が出ています。

つまり、基準価額だけを見ていても、損益状況はわからないということです。積立投資の場合は、基準価額だけでなく、保有している受益権口数も把握しておきましょう。

なぜ1回目の基準価額に比べて3回目の基準価額が値下がりしているのに、利益が出たのかというと、これはCHAPTER 3で書いたように定額で積立投資していることによる効果が出ているからです。

毎月一定の金額で積立投資をすれば、基準価額が大きく下落したときはそれだけ多くの受益権を購入できます。この事例では、2回目の積立投資を行なうときの基準価額が、1回目の積立時に比べて半額になっています。現実には、ここまで大きく基準価額が下落することはほとんどありませんので、積立投資の効果をわかりやすく説明するための事例として理解していただきたいのですが、いずれにしても積立投資をしているときは、基準価額の水準だけを見て損益状況を推測すると、判断を間違える危険があるということです。

私はむしろ、積立投資をするのであれば、基準価額よりも受益権口数の推移を見たほうが、ポジティブな気持ちになれると思います。

「無理のない金額で始めてみる」ことが習慣化の第一歩

セミナーに参加している人のなかには、勉強熱心で一所懸命に話を聞いているのに、なかなか投資を始めようとしない人がいます。先々週はセゾン投信、先週はレオスというように、さまざまな勉強会に参加して、コモンズ投信にも何度かきているといったケースなどです。

とても勉強熱心で、意欲もあるのに、なぜ投資を始められないのでしょうか。投資初心者にとって、投資信託運用会社などが開催しているセミナーは、初めて聞くことばかりでしょう。勉強熱心で、いろいろな投資セミナーに参加すればするほど、新しい情報が入ってきますから、ますます勉強しなければという気持ちになってしまいます。しかも、投資の対象となるマーケットは、株式市場であれ債券市場であれ、はたまた外国為替市場であれ、常に変化を繰り返していますから、新しくインプットしなければならない情報はどんどん増えていきます。

つまり、すべてを完璧に理解してから投資を始めようとする勉強熱心な人ほど、いつまで経っても投資を始められないというワナにはまってしまいます。おそらく、知識のないままに投資をして損をすることが怖いのでしょうが、これだけの知識を身に付けたら損はしないということはありませんし、実際に投資の経験を積まなければ身に付かないこともあります。ですから、必要十分な知識（たとえば本書の内容）を理解したならば、少額でいいので投資を始めてみることをお勧めします。

これとは別に、「もう少し資金ができたら投資をする」と言っている人も、いつまで経っても投資を始められないことが多いようです。

「投資はある程度のお金がないと始められない」と思い込んでいる人は、意外とたくさんいます。でも、「もう少し資金ができたら」のもう少しとは、いったいいくらなのでしょうか。50万円なのか100万円なのか。

おそらく手元に100万円の資金ができたとしても、その人は「いや、もう少し資金ができたら」と思うでしょう。これも先程の勉強と同じようにキリがない話なのです。これではいつまでたっても投資を始めることができません。

投資は「思い立ったが吉日」で、まさにこの本を読んでいるいまこそ、始めるべきものだと思います。「お金が貯まっていないから」とおっしゃる方は、とにかく積立で始めてみることをお勧めします。

コモンズ30ファンドの場合、1回の積立に必要な最低金額は3000円です（ネット証券なら100円からでも）。3000円からの投資であれば、たとえ株価が急落して損失が生じたとしても、実際の金額ベースでの損失額は、それほど大きくなりません。300万円で一括購入して3％値下がりすると、9万円の損失額になりますが、3000円の積立で3％値下がりしても、損失額は90円で済みます。もちろん、積み立ててから何年も経過すれば、それなりに積立金額が増えていますから、90円の損失額では済みませんが、積立投資は徐々に投資元本が積み上げられていく投資法なので、株価が急落したとしても、一括購入したときに比べて損失額が低めに抑えられる可能性があります。

その点では、先ほどの「勉強していないから失敗して損失を被るのが怖い」という人でも、積立投資なら投資を始める際のハードルを、かなり下げられます。

いずれにしても、一度投資を始めてしまえば、徐々に「投資を続ける」習慣が身に付いてくるはずです。そして、積み立てを続けているうちに、何度か大きな下げを経験したとしても、それほど恐れるものではないことがわかってくるでしょう。

株式市場というのは相場ですから、日々取引される株価の動きは波のように上下します。

しかし、きちんとした企業の株価というのは、たとえ下げたとしても、どこかで底を打ち、再び上昇し始めます。それを繰り返しながら、株式市場は営まれているのです。

そうした波のなかで投資し続けることにより、経験を積み重ね、心が折れにくくなります。すると、基準価額が大きく下げたときにもあわてることなく、それをチャンスととらえることができるようになるのです。

ただし、いつまでも3000円の積立をしていても、なかなか資産形成ができないのも事実です。たとえば毎月3000円の積立を20年間行なったとして、年平均の利回りが7%だとしたら、運用収益も含めた20年後の資産総額は156万円程度です。もちろん、一定の成果ではありますが、人生を支えていくには、足りないと思います。

ですから、3000円の積立投資できっかけをつくり、投資をする習慣が身に付いてきたならば、無理のない範囲で、徐々に積立金額を増やしていったらいいと思います。

CHAPTER 5

コモンズ30ファンドはどんな企業に投資しているのか

SECTION 5-1

銘柄を選ぶときに大切にしている条件は？

なぜ30年目線なのか

本章では、コモンズ投信の旗艦ファンドである「コモンズ30ファンド」が、どのような考え方に立って運用されているのかについて、詳しく説明していきたいと思います。この考え方が参考になったという人は、ご自身の個別株への投資に応用してもいいですし、もちろん、コモンズ30ファンドに投資してくださることも歓迎します。

まず、コモンズ30ファンドの「30」には、いくつかの意味合いが込められているということです。

そのうちのひとつが「30年目線」です。

「30年」と決めた経緯についてはCHAPTER 1で触れたとおりです。コモンズ投信の創業メンバーで著名なアナリスト経験者は、四半期の数字を当てにいくようなレポートが中心となっている現状に疑問を感じ、もっと長期の成長ストーリーを見据えた「30年レポート」を書きたいと熱く語り、それがコモンズ投信の会長である渋澤健の好みにも合い、私も長期投資の投資信託を立ち上げたいという想いを長年持ち続けていたことが符合して、30年目線の本格的な長期投資をしようということが決まりました。

いまになってみると、このときの判断は正しかったと確信しています。

コモンズ投信を立ち上げるとき、私たちが尊敬する経営者に意見を伺いに行きました。ソニーの出井伸之元社長、堀場製作所の堀場厚社長(当時)、オムロンの立石文雄副会長(当時)、ローソンの新浪剛士社長(当時)です。もちろん4人一緒ではなく、バラバラにお会いして意見を伺ったのですが、4人ともに共通したのが「日本に長期投資家が必要だ。ぜひ頑張ってやって欲しい」ということでした。

いま、東証1部上場企業の社長の平均在任期間は5年程度です。社長のなかには、自分が勤めているあいだは大過なく過ごしたいがために、改革を推し進めたり次世代の成長のために施策を打ったりといったことを一切しない人もいます。こうした経営者は、いうまでもなく経営者失格です。世間的には「サラリーマン経営者」などと揶揄されていますが、本当にこうした経営者ばかりが続いている会社は、どんどんダメになっていきます。

しかし、ホンモノの経営者になると、自分の在任期間は5年程度であったとしても、その企業の30年先、あるいは100年先の成長までをも考えて経営に当たっています。たとえば、ソフトバンクグループの孫正義会長兼社長は、普通に300年先という話をしますし、日本電産の永守重信代表も、3年ほど前から「100年先を見る経営」という話をされるようになりました。実は、永守代表は前々から長期的な視点に立った経営の必要性に言及しており、株主説明会や、アナリストを集めたIRミーティングの場においては常々、長期的な経営のビジョンを説明できるような質問をしてくれとおっしゃられています。

たとえばいまから20年ほど前、2000年のことですが、ITバブルの崩壊という出来事がありました。インターネットが民間で実用されるようになり、さまざまなインターネット企業が国内外で誕生し、ほんのわずかでもインターネットを想起させるようなビジネスを行なっている企業であれば、その株価が何倍、何十倍にも跳ね上がっていったのです。

ところが、2000年3月10日に米国のナスダック指数が5048ポイントを付けた後、急落しました。この影響で、米国だけでなく日本の株価も下落トレンドに入っていきました。これがＩＴバブルが完全に崩壊するきっかけでした。

その後、ＩＴバブル時に、雨後の筍のように登場したインターネット企業がどんどん潰れていきました。東証マザーズという新興企業向けの株式市場が誕生し、上場第1号として上場されたインターネット総合研究所、リキッドオーディオ・ジャパンは、いずれも現在、上場廃止となっています。

それ以外にも多くのインターネット企業が、ＩＴバブル崩壊の影響を受けて消えていきました。目先のことしか見えていない経営者だったら、この時点で「ＩＴなんてたんなる子供だましじゃないか」といって、ＩＴビジネスから手を引くかもしれません。しかし、その後の推移をみれば、インターネットというものがビジネスの分野はもちろんのこと、私たちの日常生活のすべての場面において必需品になるほどの変化が起こりました。

インターネットバブルが崩壊した後も、この分野における技術革新は進み、クラウドコンピューティングやビッグデータ、ＡＩ、ＩｏＴ、フィンテック、電子決済、ソーシャルネットワーク、ＥＣなど、私たちの生活に欠くことのできないインフラが整っていきました。この20年間で大きくなった企業の経営者は、２０００年時点にＩＴバブルが崩壊したときも、「いまは一時的にバブルが弾けた形になってはいるが、20年後、30年後にはビジネスや日常生活に欠かせないインフラになっているだろう」と考えていたに違いありません。

このようにホンモノの経営者は、何十年も先のことを考えながら足元をしっかり固めて経営しているのです。そういう経営者にとって、長期的な経営に関することを話せる投資家の存在は必要不可欠です。

たとえば、経営者が長期的な目線で経営判断を下し、さまざまな施策を打っているのに、資金を提供する投資家は目先の利益ばかりを見ていて、今期は決算が良好だったから配当を増やせとか、株価を上げるためにどんどん自社株を買えなどと言われたらやりにくいはずです。

しかし現実には、いまの日本には、長期的な資金を供給できるような投資家がほとんどいません。

私が以前、参加していた私的な勉強会に「長期投資研究会」というのがありました。その勉強会には公的年金、企業年金、大手生命保険会社、運用会社といった、いわば運用の最前線に立っている人たちが参加していて、定期的に意見交換などを行なっていました。

そこであるとき、「長期投資の期間」が話題となったのですが、参加していたメンバーが持っている、いわば機関投資家の常識にとても驚かされたことを覚えています。

プライベートバンクの人は「裕福な個人投資家にとっての長期投資は1年です」と答えました。公的年金や企業年金、生命保険会社の人は、長期投資といえば3年程度。せいぜい5年が限界と答えました。

公的年金や企業年金、生命保険会社の場合、やはり組織としてのルールがあるのです。たとえば企業年金の場合、そこの運用を受託した運用会社は、定期的に運用成績を報告しなければなりません。当然、企業年金は複数の運用委託先を持っていますから、そのなかでどの運用会社の成績が良いのか、逆に悪いのかをチェックしています。そして、2年連続して運用成績が最下位だった運用会社については、当然のことですが、運用成績に改善が見られないという理由で切らざるを得ません。運用成績が悪いのに委託し続けていると、今度は年金の受給者から批判を浴びることになるからです。これは公的年金も同じです。

そうなると、やはり10年単位、20年単位で企業の成長ストーリーを追いかけるような投資はできなくなるのです。

個人富裕層も、機関投資家も長期投資できないとしたら、他のどこに長期投資ができる資金があるのか。それを考えていったときに、普通に会社勤めをしているような人が欧米の人たちのように積立投資をすれば、長期目線で未来をしっかり見つめ、優れた経営をしている企業に対して、長期の資金を供給できるのではないかと考え、そこから、コモンズ30ファンドのマーケティングアイデアが固まりました。

30年目線の投資とは、ホンモノの経営者による長期的なビジョンに基づいた経営によって実現する成長に資金を乗せていくものであり、それがコモンズ30ファンドの目指すところになったのです。

なぜ30銘柄なのか？

「コモンズ30ファンド」の30のもうひとつの意味は、30銘柄ということです。コモンズ30ファンドは、30銘柄程度の株式に分散投資しています。

投資信託で30銘柄というのは、相当な集中投資型です。いま日本国内で設定・運用されている日本株アクティブファンドの組入銘柄数を見ると、１００銘柄以上に分散しているファンドが大半です。これに対して、コモンズ30ファンドはたった30銘柄程度にしか投資しません。

資産運用の教科書には、組入銘柄数が多くなるほど分散投資効果が高まると書かれています。それはそのとおりなのですが、問題は組入銘柄数があまりにも多くなり過ぎると、運用成績がインデックスファンドとほとんど変わらなくなるということです。これでは、何のためのアクティブファンドかわかりません。

アクティブファンドを購入する投資家の方たちは、インデックスファンドに比べて高めのコストを負担してでもアクティブファンドを選んでいるわけですから、良いにしても悪いにしても、インデックスファンドと同じ運用成績では納得がいかないでしょう。

コモンズ30ファンドが、組入銘柄数を30銘柄程度に絞り込んでいるのは、アクティブ運用の特色をできるだけ出したいと考えているからです。

2012年12月から始まったアベノミクス相場で、過去最高益を更新する企業はかなりの数に上りました。しかし、外部環境の変化を吸収し長期的に進化を続けられる「しなやかで強い企業」の候補は、全上場企業の3%程度で、150社にも満たないと考えています。そのなかから厳選した30社程度に絞った企業に投資するのです。

投資会社バークシャ・ハザウェイを率い、オマハの賢人と言われている大投資家、ウォーレン・バフェット氏を含め、世界で長期厳選投資をしているファンドも、おおむね20〜

40社程度に集中投資しています。したがって、コモンズ30ファンドの30社というのは、グローバルスタンダードな組入銘柄数であると考えています。

リターンを上げるためには、優良な企業を厳選して集中投資することが効果的です。

もちろんその一方で、リスク分散も大切です。ただ、リスク分散効果については、実は20〜30銘柄程度への分散でも十分な効果が得られるという分析もあります。ということは、30銘柄への投資というのは、リスク分散とリターンの最大化を両立できる、ちょうどいい銘柄数でもあると考えています。

銘柄を選ぶための2つの条件

さて、問題はどういう観点からその30銘柄を選ぶのかということです。ここに興味のある個人投資家の方はとても多いでしょう。

銘柄を選ぶという話をすると、「AIだとどこが良いですか」、「自動運転だとどうですか」、「ロボットで業績の良いところはどこですか」、「iPS細胞関連企業はどこですか」といったように、最近、メディアを賑わせているテーマに関連する企業はどこかということを気にする人が大勢います。

もちろん、私も運用業界の人間ですから、こうしたテーマにまったく関心がないわけではありません。でも、長期目線で投資する銘柄を選別するうえでは、そのような観点はほとんど役に立ちません。

私がよくセミナーなどで次のような話をします。


みなさんにお子さんが生まれたとしましょう。そのお子さんに1社だけ選んで株のプレゼントをするとします。どんな銘柄を選びますか。

ただし、条件を2つ付けさせていただきます。

第1の条件は、お子さんが20歳になるまで売れないことです。

第2の条件は、20歳になったお子さんに、なぜこの銘柄を選んだのかを説明したうえで、お子さんから「いいね！」を言ってもらわないといけないということです。

第1の条件にある20年間は売れないというのは長期目線で投資することを表していますが、こうなると、いま話題になっている分野に目をつけても、そのなかでどの分野のどの会社が勝ち組に残れるかという予測はできないと思います。

私ももちろんＡＩ企業を取材したり経営者とも意見交換したりしますし、トップレベルの友人たちもいて定期的に話をする機会をいただいているのですが、グローバルベースでいうと、ＡＩの分野では毎日１００本ものレポートがリリースされているそうです。これを日々読み込んでいかないと、ＡＩの分野で生き残っていくことができません。そのくらい厳しい競争にさらされています。そして、３か月も前のレポートは、もはや完全に陳腐化していて、何の役にも立たないそうです。それだけスピード感が求められる世界だということです。

果たして、このスピード感のなかで、生き残っていく企業がどこかを予測することができるでしょうか。20年先どころか3年先がどうなっているのかさえわからないのが現実です。

一方、いま話題になっているようなテーマから離れて、たとえば水をつくっている会社ならどうでしょうか。いま地球上には75億人くらいの人口があり、それが毎年１％ずつ、つまり毎年７０００万人ずつ増えています。当然、人間は生きていくにあたって、水を飲まなければなりません。日本という国はこの点で非常に恵まれていて、水道の蛇口をひねれば、飲める水が出てきます。これは世界的に見ても非常にレアケースで、他の大半の国は、ペットボトル入りの水を飲んでいます。ところが、それだけ恵まれた水事情を持つ日本でさえ、最近は水を買う人が多くなってきました。となると、やはりペットボトル入りの水をつくっている会社は、これからも需要があり、かつグローバルで競争力を持っている企業であれば、長期投資をするうえで非常に適していると考えられます。

このように、いわゆる衣食住といった人間の生活基盤にかかわる分野で、非常に競争力が高い企業は、おそらく20年後も成長し続けている可能性が高いという蓋然性を持っていると思われます。こういう発想をすることが、私たちの考える長期投資の一つ目の特徴です。

もうひとつは、事業を取り巻く外部環境の大きな変化を乗り越えていくくらい「しなやかで強い企業」が該当すると思います。たとえば、常に事業ポートフォリオを変化・進化させていけるような企業は長期で投資も可能です。私たちの投資先では、デンソー、東京エレクトロン、堀場製作所、楽天などがそうしたグループでしょう。

次に第2の条件についてです。私事ですが、私の娘がことし成人式を迎えました。私の娘なので当社のファンドの積み立てしかしていませんが、もし仮に株式をプレゼントしていて5倍くらいになっていたら、私は、ちょっと自慢げに「お父さんが、プレゼントした株は5倍になったよ！」と言っていると思います。ただ、そのときに娘から「お父さん、この会社知ってるけど、学生のあいだではブラックで有名だよ」と言われたら、親としても運用会社の代表としても凹んでしまいます。しかし、そうではなくて「お父さん、この会社知ってる。環境への取り組みもとても熱心だよね。日本で最初にプラスティック・ストローを止めた会社だし、私の学校のOB・OGたちもとても楽しそうに働いている、そんな会社をお父さんは20年前に探して、私にプレゼントしてくれたの！　嬉しい」となれば、私の鼻はとても高くなります。

この2番目の要素は、ESG投資での視点と同じです。ESG投資とは、E（環境）＝（environment）、S（社会）＝（social）、G（企業統治）＝（governance）に配慮している企業を重視・選別して行なう投資のことをいいますが、近年、とても重要視されてきています。まさに、令和の時代は、ESGの意識の高い企業が活躍することでしょう。

コモンズ30ファンドの銘柄選びは、1番目の条件に2番目の要素を加えたイメージで決まっていくといっても過言ではありません。

ちなみに、世界で長期厳選投資をしているファンドがおおむね20～40社程度に集中投資しているという背景には、30というのは、各々のコンディションを一度に把握できる限界の数といわれていることが関係しているのではないかと考えています。

たとえば、いまの学校の1クラスの人数は30人程度です。でも、この30人という数は、教師が1つのクラスにいる子供の様子を一人ずつきちんと把握するうえで、最適な人数だといわれています。40人、50人という人数になると、クラス全体の偏差値で学力を測ったり、良くも悪くも特筆すべき生徒がいるかいないかは把握できたりしても、生徒一人ひとりの顔を見て、体調や精神状態を個別に把握するところまではできません。

それは投資信託のポートフォリオにも当てはまると思います。もし100銘柄も組み入れていたら、ポートフォリオ全体でのリスクとリターンを管理することが中心となり、個別企業それぞれの状況まで追うことは薄れていくでしょう。

では、ファンドマネジャーやアナリストの数を増やしたら、もっと多くの銘柄を組み入れられると考える人がいるかもしれませんが、これもまた違います。これまではアナリスト3人で30銘柄をカバーしていたところを、組入銘柄数を60銘柄にしてアナリストを倍の6人にしたとしても、うまくいかないのです。その意味でも、やはり30銘柄のこだわりは、これからも続けていきたいと思っています。

オーナーになったつもりで投資できる銘柄とは？

投資する銘柄を選ぶときには、投資家として選ぶのではなく、その企業のオーナーになるつもりで選びます。それはどうしてでしょうか。このことを説明するために、資生堂の魚谷雅彦社長から聞いたお話を元に説明しましょう。

魚谷社長は決算報告会やアナリストミーティングで、大勢の投資家と直接対話をする機会を持っていますが、日本のファンドマネジャーやアナリストからもらう質問と、海外の長期投資家のファンドマネジャーやアナリストからもらう質問には大きな違いがあるといいます。

日本のファンドマネジャーやアナリストの場合、まず多いのがリスクに対する質問であり、業績の見通しを聞くにしても四半期ベースの、短期の見通しについての質問が多いとのことですが、これに対して海外のファンドマネジャーやアナリストの場合、こうした質問はほとんど出ないそうです。

では、どのような質問が出るのでしょうか。

いちばん多く聞かれるのは「フィロソフィー」なのだそうです。以前、魚谷さんがカナダの長期投資家のもとを訪ねたときには、その運用会社の創設者からいきなりこう質問されたそうです。

「ミスターウオタニ。まずあなたの人生哲学から聞かせて欲しい」

日本のファンドマネジャーやアナリストで、いきなり人生哲学を教えて欲しいなどという質問をする人はまずいないでしょう。

もちろん、リスクに対する質問や短期的な業績見通しの質問が悪いのではありませんが、日本では長期的な視点での建設的な対話をしてくる投資家があまりに少ないようです。

しかし、よく考えてみると、長期投資家が経営者の人生哲学に興味を持つのは当たり前のことです。長期投資は株式を売買するというよりも、自分のお金を経営者に託すというイメージのほうが強いからです。自分の大事なお金を託すのですから、経営者がどういう人物であるかというのはいちばん大事な情報だということです。

運用会社の創設者から魚谷さんへの質問は、経営者である魚谷さんの人生哲学に始まり、中長期的にどのような経営戦略を考えているのか、そのために組織はどうしているのか、強みと弱みは何なのかといったことまで続いたそうです。そして驚いたことに、相手からの質問に来期の業績見通しはまったくなかったそうです。

米期の業績見通しということについては、メルカリの小泉文明社長兼ＣＯＯも、日本の投資家と海外の投資家について、面白い違いを指摘しています。

株式上場に際して国内・海外の投資家に説明に回ったとき、日本の機関投資家は口を揃えて同じ質問、「黒字化はいつになりますか？」ということを聞いてきたのに対して、海外の長期投資家は、いつ黒字化するのかという質問は一切せず、こう言ったそうです。

「黒字化はいつでもいいです。今回、調達した資金でぜひ、積極的に投資をしてください。そうしたら株主になることを考えます」

この話からは、日本の機関投資家と海外の長期機関投資家との姿勢の違いが明確に見えてきます。

メルカリは、スマホ向けフリマアプリで有名ですが、２０１３年に設立され、わずか5年で株式上場を果たし、時価総額も４０００億円（２０１９年５月現在）を超える企業です。直近でも売上やＧＭＶ（Gross Merchandise Value：総流通総額）は国内で30％から40％程度の高い伸びを続ける高成長企業です。投資を抑えて黒字化することも可能だと思いますが、彼らはそんなことはしません。なぜなら、積極的な投資が売上やＧＭＶを伸ばしていく源泉でもあり、それとともに収益がついてくることも明らかだからです。

グローバルな競争は非常に厳しい世界ですから、とにかくビジネスを伸ばすチャンスがあるときは、徹底して伸ばしていくために投資を行なっていく必要があります。目先、黒字化させるために成長の芽を摘むようなことはしないのです。

海外の投資家といっても、なかにはＨＦＴ（High Frequency Trading：超高頻度取引）のように、超短期間のうちに何度も売買を行ない、小さな利益を積み重ねていくような投資（というより投機）を行なう投資家もいます。しかし、決してそういう投資家だけでなく、企業のオーナーになるという感覚で、株式に長期投資する投資家もいます。ひとことで「投資家」といっても、深みが非常にあるのです。こうした投資家が日本にはほとんどいないことが大きな課題です。長期投資家が増えることは、企業とともに企業価値を向上していくことに汗をかく投資家が増えることですから、結果として日本企業の活躍や日本経済の活性化が進むことにつながるはずだからです。

私はこうした海外の長期投資家の姿勢には、日本の個人投資家も学ぶべき点が非常に多いと思っています。最近はＩＲイベントなど定期的に開催されていて、個人投資家も企業経営者に直接質問するチャンスが増えています。このような場を活用して、企業経営者にどんどん質問してみればいいのです。

企業との対話については、たとえば、コモンズ30ファンドの場合であれば、ファンドを保有している個人投資家にも、さまざまなイベントを通じて、コモンズ30ファンドの投資先企業と対話する機会を定期的に設けています。こうした機会を有効に活用して、投資先企業のオーナーになったつもりで会社を見るようにすると、これまでとは違った面が見えてくるのではないかと思います。

SECTION 5-2

銘柄を選ぶためのプロセスはどうやっているの？

投資の決定は「投資委員会」の全員一致で行なう

アクティブ運用をする以上、アルファ（α）を取りにいかなければなりません。アルファとは、市場平均値を上回るリターンのことです。市場の平均値をベータ（β）といって、これはインデックスファンドが目指すところです。これに対してアクティブファンドはアルファを狙いに行くところに存在意義があります。

では、どうやってアルファを獲得するのかということですが、世界の運用業界では、その方法は2つあると言われています。

ひとつは小型成長株に投資すること。小型成長株とは、時価総額が小さく、したがって市場の流動性も低い銘柄のことです。東証マザーズに上場されている新興企業の株式は、大半が小型株に分類されると考えていいでしょう。いまでは誰もがその会社名を一度は聞いたことがあるような大企業も、昔はみな小型株からスタートしました。ソフトバンクグループにしてもファーストリテイリングにしてもそうです。小型成長株投資は、まさにソフトバンクグループがそうだったように、小さい会社が成長して大企業になっていく過程に投資をして、大きなリターンを狙います。

もちろん、なかには成長する前に破綻したり、上場廃止になったりするケースもあります。すでに会社の体ができ上がっている大企業に比べて、小型株に分類されるような企業は、財務体質も脆弱だったりするため、倒産してしまうリスクはもちろん高いのですが、前述したように、成長のスピードは大企業に比べて格段に速く、そこさえうまくとらえられれば、高いアルファを獲得することができます。

アルファを獲得するためのもうひとつの方法は、大企業であっても本当に良い会社を厳選し、長期投資することです。そしてコモンズ30ファンドでは、アルファを獲得するために、この方法を取っています。

第一段階の絞り込みは「持ち寄り」で

では、コモンズ30ファンドの主要投資対象となる大型株式のなかから、どうやって銘柄を選んでいるのかについて、説明していきます。

東京証券取引所に上場されている銘柄数は、2019年5月末時点で3664銘柄です。このなかから30銘柄に絞り込んでいくわけですが、これはさほど気が遠くなるような作業ではありません。というのも、私たちが投資哲学や運用方針に従って投資対象候補にしている銘柄数は、全体で3664銘柄あるうちのせいぜい120〜130銘柄だと思っているからです。

具体的な銘柄の絞り込みは投資委員会で行ないます。投資委員会は私、コモンズ投信会長の渋澤健、他3名のアナリストで構成されており、完全な合議制のもと、全会一致によって投資判断が下されます。つまり、何か銘柄を組み入れるときは、投資委員会で全会一致にならない限りは組み入れません。これは組入銘柄を売却する際も同じで、ポートフォリオからその銘柄を外す場合も、同じく全員を説得できない限りは売却しません。

詳しくは後述しますが、コモンズ30ファンドの銘柄選びは「財務的価値」だけでなく、「非財務的価値」にも目を向けています。財務的価値という数字で見ることのできる情報だけを判断基準にするならば、それこそアナリストだけで銘柄を選ぶのもありだと思いますが、コモンズ30ファンドのように非財務的価値にも目を向けて銘柄選びをするとなると、アナリストだけでなく、それこそ多方面の人脈を持ち、運用会社の会長という枠にとらわれない活動をしている渋澤健や、企業経営者として同じ経営者との面談機会の多い私のように、アナリストとは異なるスキルセットを持った人間が投資委員会のメンバーに加わって、喧々諤々の議論を行なったほうが有効だと考えています。

また「合議制」、「全会一致」などというと、マーケットが急変したときにどう対応するのかという質問が出てきそうですが、コモンズ30ファンドの場合、目先のマーケットの動きに合わせて機動的にポジションを変更したりはしないため、別段、不都合は生じていません。運用を始めて10年間、この間に何度もマーケットでは大きな混乱が起こりましたが、コモンズ30ファンドの意思決定プロセスが運用面に支障を及ぼしたことは一度もありませんでした。

このように、投資判断を合議制にすることにあたっては、何か他にロールモデルがあったわけではありません。長期投資だから、前述したようにスキルセットの異なる5人が集まって合議制にしたほうがいいのではないかと考えて始めたことでしたが、海外に目を向けると、実は合議制をベースにして投資判断を下しているファンドが多いことを実感しています。米国の長期投資家をはじめ、シンガポールを拠点にしたファンドや、英国エジンバラを拠点としている長期投資のファンドなど、コモンズ投信を設立してから、海外の長期投資家との接点が増え、彼らと会話するなかでわかったことなのですが、その多くが合議制を採っているのです。

米国のとある長期投資ファンドの人は、「伊井さん、うちの会社にはファンドマネジャーがいないんです」と言っていました。運用会社なのにファンドマネジャーがいないとはどういうことなのかと思い、質問してみると、全員がアナリストで、各人が銘柄提案をして、全員を説得できたときには買うし、全員を説得できなければ何もしないというルールで投資判断を下しているのだそうです。

合議制の良さは、徹底してリサーチを深堀りできるところにあると思います。

たとえば5人の投資委員会で、1人を除く4人が、A社の株式を買うことに賛成したとします。

しかし、1人は反対しました。反対する以上、それは必ず何か理由があるわけです。ただ気分的に反対というのでは、運用チームは務まりません。反対理由は何なのか。それを4人に対して説明する必要があります。それはコンプライアンスの問題かもしれませんし、ガバナンスがなっていないという理由かもしれません。競争力が落ちている恐れがあるという理由も考えられます。いずれにしても、こうした理由からA社の株式に投資するのは反対と言っている限り、コモンズ30ファンドがA社の株式を組み入れることはしません。

一方、1人が反対意見を述べたことによって、A社の株式を組み入れたいと考えている4人は、1人を説得するために、A社に関してさまざまな観点から、より深くリサーチしようとします。そこまで掘り下げて調べ、後日行なわれた投資委員会で再び提案しても、それでも1人が納得できなかったら、今度はA社の同業他社や監督官庁、あるいはA社のビジネスパートナーがいればそこに話を聞きに行ったりします。時には組合や社長の運転手さんに取材したこともあります。

このようにしてさまざまな角度から調査を行なっているうちに、どんどん対象となっている企業の情報が集まってくるので、投資判断を下すうえで必要な情報の深掘りができるのです。また、これだけのリサーチをしたうえで、全会一致のもとで投資判断を下しますから、過去においてもそうでしたが、拙速な判断に陥るのを防ぐことができます（もちろん、場合によっては1、2日で全会一致になり投資判断を下すケースもあります）。

なお、こうしたリサーチの結果だけでなく、プロセスについても5人の投資委員会内で共有することになるため、ファンドマネジャーのキーマンリスクが非常に少なくなるというメリットもあります。つまり、ある日突然、ファンドマネジャーが辞めることになったとしても、何ら支障をきたすことなく、運用の継続性を維持できるのです。これは長期投資を行なう仕組みとしてとても有効だと思っています。

数字によるスクリーニングはしない

3664銘柄もある上場企業から30銘柄に絞り込むという話をすると、多くのファンドがしているように、まず一定条件でスクリーニングをして、足切りをする方法を思いつくかと思います。昨今はインターネット証券会社などでも、PERやPBR、配当利回り、ROEなど、さまざまな株式指標を用いてスクリーニングを行なうことができるツールを実装しているので、個別銘柄投資をしている個人投資家のなかには、銘柄選びといえば、まずはスクリーニングありきと考える方も少なくないと思います。

しかし、コモンズ30ファンドの銘柄を選定するにあたっては、こうしたスクリーニング手法を用いた足切りは、いっさい行なっていません。これはコモンズ30ファンドの商品企画を考えていた時、参加メンバー全員一致で決めたことでした。

なぜかというと、ＰＥＲやＰＢＲ、配当利回り、ＲＯＥなど、何の指標でもいいのですが、スクリーニングは、インターネット証券のツールに実装されているくらいですから、誰にでもできるというのが、その理由です。

誰にでもできることですから、そこからアルファをとることは期待できません。また、本当に良い会社が、スクリーニングの足切りによって投資候補に入ってこなくなる恐れもあります。たとえば、定性的にみるととても良い会社なのに、たまたま財務データの１つの数字が悪かったため、ふるいにかけられてしまうというケースが頻発してしまうのです。本当なら、そこにものすごい投資機会があったかもしれないのに、その機会を失うことにもなりかねません。

そういう理由から、コモンズ30ファンドの場合は、銘柄を一本釣りしていきます。５人の投資委員会メンバーが、日頃から注目している企業を出し合って、それが１２０～１３

0銘柄の投資候補（ユニバース）をつくっているのです。いってみれば、足切り方式ではなく持ち寄り方式で銘柄を絞っているということです。

この一本釣りをする際に役立つのが、前述したスキルセットです。

たとえば渋澤や私は、コモンズ投信の経営に携わっているので、積極的に他の企業の経営者と会うようにしています。実際に自らが経営を行なっていると、経営者同士の話の内容を自分事として理解できるからです。かのウォーレン・バフェットも、かつて運用成績がずば抜けて良かったときに、その理由を「私は投資家だけれども、事業家でもあるから」と答えていました。自分が経営にあたっているからこそ、投資先である企業の経営者が何を考えているのかが理解できるということです。

当然、相手の経営者も、経営者同士の立場で話をしてくださいます。アナリストは、IR担当者を通じて企業の実態を把握するのとともに、工場見学などを通じて現場の雰囲気を把握します。そこからもたらされる情報は、銘柄を選別するうえで非常に有効ですが、そこに渋澤と私が経営者目線の情報を加味することにより、銘柄選びの材料に厚みをつけていくのです。

ちなみにアナリストにもさまざまなタイプがあって、セルサイドのアナリストをずっと担当していた人もいれば、社債市場を見続けてきたアナリスト、さらにコモンズ30ファンドの投資先だった企業でＩＲを担当していた人も、いまは当社のアナリストとして活躍しています。少しこのメンバーの話をすると、彼はＩＲ担当者して多くの投資家と会うなかで、やはり短期的な投資家とは意見交換していても違和感があり、一方で、国内ではコモンズ投信のような長期投資家は極めて少なく、こうした投資家が日本にも増えないといけないし、自分もそこで頑張りたいとの熱い想いで当社の門を叩いてくれました。それぞれがみな自分の専門性を活かし、より多面的な見方で銘柄を選んでいるというわけです。

こうして、まな板の上に１２０〜１３０銘柄をずらっと並べたうえで、どの銘柄を新たに組み入れるかを日々、検討しているのです。

過去の収益力を調べて未来を見通す

さて、いよいよ銘柄を30銘柄に絞り込んでいく段階の話です。ここで私たちが注目するのが「5つの軸」というものです。コモンズ流の企業価値評価レシピとでも申しましょうか。5つの価値判断基準をもって、投資先企業を選んでいきます。

その5つとは「収益力」、「競争力」、「経営力」、「対話力」、「企業文化」です。この5つの軸は2つにまとめることができます。それが「見える価値」と「見えない価値」です。見える価値は「収益力」のみです。営業利益率やROEなどの財務的評価に優れていて、長期的な成長または安定が見込まれることや、配当などの資本政策が明確であることが条件です。

投資家が企業の収益力を分析する場合、普通は過去3年くらいの業績推移をチェックすると同時に、今後の予測に関しては、多くの企業が今後3年くらいの中期経営計画を出していますから、それを参考材料にして3年先までの業績予想を行ない、それに四半期ごとに発表される四半期決算の数字を当てはめて、予想どおりに推移しているかどうかをチェックしていきます。

ただ、これだけでは決して長期的な観点に立った銘柄選びはできません。コモンズ30ファンドは前述したように30年目線の投資を行なうわけですから、今後30年のストーリーを描く必要があります。

そのためには、過去20年、あるいは30年に遡って、その企業がどのような道筋をたどって現在に至っているのかを把握する必要があります。

ですから、私たちが企業の収益力について調べるときは、過去20年、30年という長期的なデータをチェックするようにしています。そこまで過去に遡れない企業である場合は、とにかく遡れるところまで遡り、過去の業績推移をチェックします。それと同時に、アニュアルレポートも同じくらいに遡って、読み込んでいきます。

この作業をすると、企業のクセのようなものが徐々に見えてきます。経済情勢、景気、企業を取り巻く経営環境の変化によって、増収増益のときはどんな対応をして増収減益になる、あるいは減収減益になるとどういった対応をするかなどを見ていくと、企業の習性が見えてきます。

また、企業経営者の発言と実際の数字に食い違いが生じるケースもあります。

たとえば経営者が非常に立派なことを言っている割には、業績が悪いとか、「私たちの会社は人を大事にします」と言っているのに大リストラを断行しているとか、そういう食い違いをチェックしていきます。あまりにもこうした食い違いが大きな企業は、経営者の姿勢を信用できませんから、投資するとしても、その経営者が社長の任を降りて経営に一切影響を及ぼさなくなるときを待つなどします。

一般的に運用会社の人が企業訪問をするときに、過去20年、あるいは30年に遡った話を聞こうとするところはないと思います。

しかし、過去の歴史というのはさまざまなヒントを与えてくれます。たとえば15年前に業績が非常に悪化して、大変な経験をした企業の経営者に対して、このとき、現場ではどういうことが起きたのか、厳しい時期を乗り越えたきっかけは何だったのか、経営危機を乗り越えたことがいまの成功にどのように結びついているのか、といった質問をするのです。このような質問をしたときに、満足に答えられないような経営者の会社は、当然、投資対象にはなりません。

これは人間も同じことなのですが、過去において失敗をしても、それをバネにして回復してきた企業は、非常に強いものを持っています。

たとえばデンソーという自動車部品メーカーがあります。設立は1949年ですから、70年の歴史を持っています。いまでは誰もが知っている大企業ですが、実はここまでの道のりは決して平坦ではありませんでした。戦後の厳しい時期に危機に直面しつつ、経営者、従業員が一丸となってことに当たってきた歴史があります。

デンソーが設立された1949年は戦後混乱期です。会社が設立されてすぐに、経営危機に直面しました。戦後のものすごいインフレを抑制するため、ドッジ・ラインという財政金融引締め政策が行なわれた結果、逆にデフレが加速して「ドッジ不況」が引き起こされました。多くの企業が大苦戦するなか、デンソーも経営に行き詰まり、メインバンクに融資を申し出たら、断られてしまったそうです。

そこでデンソーは、近しい関係にあるトヨタ自動車に行って、同じく資金の借入を申し出たところ、トヨタ自動車からも「うちも苦しくて融資する余裕がない」と断られました。そのときに助けてくれたのが、ドイツの自動車部品メーカーであるボッシュだったのです。ボッシュが増資を引き受けてくれたため、デンソーは危機を乗り越えられました。

実は、このときの経験がいまの経営にも活かされているのです。

デンソーという会社は、非常に分厚い内部留保を持っています。リーマンショックで株価が大きく下げたときなど、持っている現金の額が、デンソーの時価総額を上回ったくらいでした。

そういう会社だったので、それだけ多額の現金を持ち続けているのは経営力がない証拠だと、株式市場からは散々な言われようだったのですが、リーマンショックによって、評価が一変しました。リーマンショックは世界中で流動性がなくなり、銀行も融資に対して非常に慎重になったため、多くの企業が銀行からお金を借りられない状況に追い込まれました。そのとき、デンソーには分厚い内部留保があったため、資金繰りで苦しむことはありませんでした。

デンソーの分厚い内部留保は、経営力のなさによるものではなく、かつて厳しい状況に追い込まれた経験からくる、デンソー独自の財務戦略であることに気付いている投資家は、おそらくほとんどいなかったと思うのです。それに気付くためには、過去数十年に遡って、デンソーという会社が直面した危機をどう乗り越えてきたのかを知らなければなりません。そして、このことを知っていれば、将来、再び金融不安が生じたり、景気が冷え込んだりして銀行が貸し渋りや貸し剥がしを行なったとしても、デンソーという会社は乗り越えられるだろうという蓋然性を持つことができるため、安心して投資し続けられるという判断が下せるのです。

また、これからの自動運転の時代に備えた、研究開発や投資には膨大な資金力が必要です。今後、このデンソーの財務力はきっと自動運転の時代に優位なポジションの確保にもつながっていくことでしょう。

見えない価値にこそ注目する

コモンズ30ファンドの銘柄選別基準は、収益力だけでなく、それ以外に4つの軸があります。収益力が「見える価値」であるのに対して、残る4つの軸は「見えない価値」つまり非財務的価値になります。

一つずつ簡単に説明しましょう。

まず「競争力」です。これは企業が自分たちの持つ競争力の源泉を理解して、その強さを支えるビジネスモデルを磨き続けているかどうかという点に注目します。技術やサービスの開発、市場の開拓にも積極的に取り組んでいるかどうかも判断材料になります。

次に「経営力」です。これは、経営トップが長期的な企業価値向上に対する意識が高く、それを支える持続的な経営体制の高度化に取り組み、社外取締役、株主など外部からの知見も経営に反映しているかどうかに注目します。

いまでこそ、経営層の多様性が重要だといわれるようになりましたが、当社は10年以上前から、企業には社外取締役の充実や女性役員の登用などダイバーシティを要請してきました。

3つめが「対話力」です。顧客、社員、取引先、株主、社会などステークホルダーとの対話姿勢に注目しており、対話を通じた持続的な価値創造に取り組んでいることを重視します。

世界最大の運用会社ブラックロックのCEOであるラリー・フィンクが、毎年年初に投資先経営者に対して出すレターにおいて、2018年は次のような内容が盛り込まれ、ウォールストリートでも日本の経営者のなかでも話題になりました。「企業は、株主、従業員、顧客、およびそれらが活動する地域社会を含むすべてのステークホルダーに利益をもたらすものでなければなりません」。これは、まさに当社の考える「対話力」と同じ発想だと考えています。

そして最後が「企業文化」です。明確に定義された企業理念・価値観を組織内に共有し、浸透させることで具体的な行動に結びつけていること。企業文化が、組織横断的な横串となり組織力を高めているかどうかをチェックします。

日本はほぼすべての企業が企業理念を掲げていますが、本気で取り組んでいる企業は10%に満たないのではないかと思っています。逆に、ここに真剣に取り組んでいる企業は、緊急時への対応が迅速であったり、海外に展開しても強みを発揮できたりすることを私たちは学んでいます。

以上の4点は、収益力とは違ってバランスシートや損益計算書、キャッシュフロー表などの数字には表れてきません。しかし、この4つ軸がぶれていると、結局のところ収益力が落ち込んでしまいます。収益力という見える価値を支えるのが、以上4つの見えない価値だと考えられます。

以上をまとめると**図表5－1**のようになります。

図表 5-1 コモンズ 30 ファンドが企業を評価する基準は？
「4つの力」と「企業文化」という5つの軸で評価している

見える価値	**①収益力** 営業利益率、ROEなどの財務的価値に優れ、長期的な成長または安定が見込まれる。配当などの資本政策が明確である。
見えない価値 (=非財務情報)	**②競争力** 競争力の源泉を理解し、その強さを支えるビジネスモデルを磨き続け技術やサービスの開発、市場の開拓にも積極的に取り組んでいる。
	③経営力 経営トップが長期的な企業価値向上に対する意識が高く、それを支える持続的な経営体制の高度化に取り組み、社外取締役、株主など外部からの知見も経営に反映している。
	④対話力 顧客、社員、取引先、株主、社会などステークホルダーとの対話姿勢を重視している。対話を通じた持続的な価値創造に取り組んでいる。
	⑤企業文化 明確に定義された企業理念・価値観を組織内に共有し、浸透させることで具体的な行動に結び付けている。企業文化が、組織横断的な横串となり組織力を高めている。

SECTION 5-3

大型株なのにテンバガーになった資生堂のケース

ファンドの設定当初から保有している

株価が10倍になった銘柄のことを「テンバガー」と言います。おそらく個人投資家がテンバガーという言葉を聞いたとき、連想するのは株価の値動きが軽い小型株ばかりでしょう。

しかし、実は大型株でもテンバガーになるのです。資生堂がその代表例です。資生堂は1927年創業の老舗企業で、時価総額は3兆1584億円もありますから、立派な大型株です。しかし、その大企業の株価が、約10倍になっているのです（終値ベースではなく、この10年間の投資期間内の高値と安値で見た場合です）。

この10年における資生堂の株価の最安値は、２０１２年10月11日につけた９３８円で、最高値は２０１８年６月７日につけた９２５０円でした。ちょうど10倍くらいになったわけです。ちなみに資生堂は、コモンズ30ファンドを設定した日に組み入れた10銘柄のうちの1銘柄で、いまに至るまでずっと保有し続けています。

さて、ずっと持ち続けている銘柄ではあるのですが、何も考えずに持ちっぱなしにしていたわけではありません。実はこの10年のあいだにも、何度も投資委員会では売却するかしないか議論になりました。結果論かもしれませんが、それでも何とか全部売却することなく踏みとどまり、そのおかげで２０１８年６月にかけての株価上昇局面をとらえることができました。

当初、資生堂に投資する段階では、投資委員会でまったく異論がなく、全会一致で即、組み入れが決まりました。

なぜ資生堂だったのでしょうか。いちばん大きな理由は、アジアの人の肌を最も知っているのは資生堂だということです。２００９年当時でも海外売上比率が40％くらいあり、そのうちの大半が中国での売上で、40％中30％程度は中国の売上で支えられていました。まだこれはインバウンド観光客による「爆買い」が話題になる、はるか前の話で、ちょうど中国の1人あたりGDPが上昇し、女性たちがお化粧に興味を持ち始めたような時期でした。

また日本の女性誌が中国で売れるようになり、日本の美容師さんが中国に行くと、女性のあいだでものすごい人気だというような話も、チラホラと聞かれるようになっていました。

たしかに、資生堂の競合ブランドとしては、海外のエスティーローダーやロレアルなどがあります。しかし、これら海外ブランドは、グローバルでは強いブランド力を持っていますが、ことアジア人の肌に合った化粧品になると、同じアジアである日本の化粧品ブランドでトップの資生堂だろうという判断です。

会社が苦境のときも保有し続けた理由

しかし、リーマンショックの影響は意外に深刻で、世界的に景気が悪くなるとすぐに、中国での売上が伸びなくなったのです。しかも資生堂は、日本国内での業績があまり良くありませんでした。組み入れた当初は、日本国内での業績が多少悪くても、巨大市場である中国で十分カバーできると思っていたので投資したのですが、その中国が思った以上にリーマンショックの影響を受け、景気がスローダウンしたのです。

そのうえ中国では、資生堂のロゴに似せた化粧品会社が登場して、資生堂のブランド価値が棄損しかけていました。これは非常に厳しいということで、投資委員会では資生堂を売却しようという意見が過半数を占めるようになりました。しかも2013年3月期決算では、ついに最終損益が146億円の赤字に転落してしまいました。もともと化粧品は原価率が非常に低いので、それでも赤字になるというのは、相当の問題を抱えていると考えざるを得ません。経営陣のドタバタ交代劇もあり、投資委員会ではますます売りの大合唱になりました。

そこで私は妥協案として、1万株だけを残して、あとは売ろうという提案をしました。資生堂は本当にダメなのか、再生する余地は残されていないのかなど、もう少し様子を見たいというのが正直な気持ちでしたが、やはり一方では「もうダメかもしれない」という気持ちがあり、悩んでいたのです。

全部売却してしまえば、その瞬間は楽になります。しかし、売却したところが底で、悪材料が出尽くした後は株価が回復するというのも、よくあるケースです。もし、資生堂がそうなったとき、まったく手元に資生堂株がなかったら、果たしてまた買うことができるだろうかと考えたのです。その当時、株式市場で言われているほど、資生堂の復活はむずかしいと思えなかったのも、保有し続けた理由のひとつです。

資生堂に可能性があると考えたことには、実はいくつか根拠がありました。

外資系の有名化粧品メーカーに勤務している友人に、「資生堂をどう思うか」と聞いてみたところ、複数の人が口を揃えて次のように言ったのです。

「日本は外資の化粧品メーカーにとって非常にむずかしい市場です。なぜなら安くてクオリティがとても高い化粧品がたくさん揃っているからです。こんな国は、世界中どこを探しても見つかりません。その資生堂が中国で苦戦しているのは、商品が悪いからではなく、マーケティングが下手だからです」

また、経営陣の交代劇についても、密室で決まるようなケースだとしたらガバナンス的に問題があるといえるのですが、よくよく調べてみると、社外取締役の提案から決まったということでした。

そうであれば、ガバナンスもしっかりしていることになります。あとは新社長がしっかり膿を出して、次の社長に交代するのではないかというのが、私の見方でした。だから、赤字決算を出して株価が大きく下げたときは、投資委員会で自分の見方を説明し、全会一致でもって元のポジションに戻したのです。

そして、ポジションを戻したところで新社長に就任したのが、日本コカ・コーラの社長、会長を経験した魚谷雅彦氏でした。魚谷さんといえば、抜群のマーケティングセンスで、日本コカ・コーラの業績を大きく伸ばした人です。

あとは業績が回復し、株価が上昇するのを待つだけでした。この投資判断は想像以上の結果を生み、資生堂の株価は大きく上昇し、コモンズ30ファンドの運用成績に大きく貢献してくれました。

SECTION 5-4

不祥事でも持ち続けたベネッセのケース

真摯に対応する姿に企業の本当の価値が見えた

上場企業が不祥事を起こすと、株式市場でその会社の株式は売り込まれるのが常です。ベネッセホールディングスは、2014年7月に顧客の個人情報が流出するという事件を引き起こしました。この事件が発覚したときは、一体どの程度、会社の業績に影響が及ぶのか想像もつきませんでした。緊急に開いた投資委員会のなかでも、ベネッセホールディングスの株式を売却するか、保有するかで意見が真っ二つに分かれました。

何か悪材料が出たとき、普通のファンドなら、とりあえず目先の損失を拡大させないために、持ち株を全部売るケースが一般的です。

しかし、コモンズ30ファンドはすぐに売却することはしません。大事なのは対話ですから、先方の経営陣、ＩＲ担当者などと何度も対話を重ねて、売却するか、それとも保有し続けるかを判断します。そのため、実際に売却するまでには、２年近くの時間を掛けたこともあります。

「それでは遅いのではないか」という意見もあるでしょう。でも、不祥事で株価が下がるときというのは、当初、パニック的な売りが生じて一気に株価が下がり、大きく下げた後は、投資家も冷静になるため、いったん下げ止まるのが常です。また、投資信託のようにある程度の株数を保有していると、不祥事が出てすぐに売りたくても、すべてを売り切ることはできませんから、落ち着いて対応したほうが結果的にはいいことが多いのです。

さて、株価が下げ止まった後、企業がきちんと不祥事に向き合い、事の解決を行なえば、企業も株価もリカバリーします。このとき、逆に底値で株式を買い増しておけば、その後のリカバリー局面で、非常に大きなリターンが期待できます。

ベネッセホールディングスの個人情報が流出したというニュースを見たときは、すぐに先方のＩＲ担当者とコンタクトをとり、事態が落ち着いたら今回の不祥事の原因、現状、対策について説明して欲しいと申し出ました。会社によっては、「いまは言えません」などと言われるケースもあるのですが、ベネッセの場合は、「必ず落ち着いたらご説明差し上げます」ということで、真摯に対話をしようという姿勢が感じ取れました。

また、私自身も実際にベネッセまで行って、会社の状況を見させてもらったのですが、コールセンターにものすごい数の電話が架かってくるなか、電話を担当している派遣社員の手が回らないときは、正社員や役員までもが応援に行って涙ながらに電話を取っていました。しかも、応対がとても誠実だったのです。その様子を伺い、そのまま株式を保有することに決めました。

経営者と投資家がきちんと対話できる会社が理想

それと同時に、あることをしました。コモンズ投信のファンドを購入してくださっているお客様は、年齢でいうと30代、40代が中心なので、ちょうどベネッセとは縁のある方が結構いらっしゃいます。そこで私たちは、ファンドを購入してくださっているお客様全員に、「もしベネッセに対して意見をお持ちの方は、すべて投資家の声として社長に届けますから、言ってください」と伝えたのです。その結果、数十件の意見が届いたので、それをベネッセの当時の副社長に渡したところ、先方からも感謝を伝えられ、これについても真摯に対応してもらうことができました。

さらに、決算説明で当時の原田社長にコモンズ投信のお客さまの声を改めて伝え、今後の対応に活かしてほしい旨を要望しました。

日本国内に日本株のアクティブファンドはたくさんありますが、投資先の経営者に直接、ファンドの保有者の意見を届けるのは、コモンズ投信くらいでしょう。

投資は、自分自身の資産を増やすための行動ですが、それがすべてではありません。お金を企業に投資することは選挙における1票と同じようなものであり、良いと思われる企業に資金を投じることで、より良い未来をつくるための1票になります。その票を少しでも多く集め、企業に届けるのも、コモンズ投信の重要なミッションだと考えています。

現在、コモンズ30ファンドが保有している銘柄を、なぜ買ったのかについて**図表5－2**の一覧表にまとめてみました。

いずれの銘柄にも投資哲学に基づいた明確な理由があります。これらの銘柄は、個別株投資として買うこともできますから、ぜひとも参考にしてみてください。

図表 5-2 ● コモンズ 30 ファンドの保有銘柄とその理由

日揮 **1963**	世界約70カ国、2万件以上のプロジェクト実績があり、他社に先駆けて海外展開しました。オイルメジャー、新興国からの絶大な信頼で、世界のエネルギー需要に貢献しています。
カカクコム **2371**	価格.com（家電比較サイト）、食べログ（レストラン口コミサイト）など、サイトを複数運営しています。今後も、インターネットユーザーの利便性を最重視し、旅行、不動産、映画など、新規領域での事業開発が期待されます。
味の素 **2802**	日本の昆布だしから抽出した「うま味」を発見、世界の食文化に合わせた、調味料や加工・冷凍食品、飲料などを提供しています。2050年の世界人口90億人時代を見据え、東南アジア、中南米、アフリカで販売ネットワークを構築、ネスレ、ユニリーバ、ダノンを追いかけています。
セブン&アイ・ **ホールディングス** **3382**	変化への対応、基本の徹底という企業文化が浸透しており、セブン-イレブンの卓越したマーケティング戦略、北米など海外戦略でさらなる高みを目指しています。コンビニのなかで、同社にぴったりくる表現として、「ダントツセブン」、「流通革命のなかで、良いポジショニング」という感じです。
東レ **3402**	レーヨンの生産から始まり、多角化しながら発展。繊維での縫製品事業や炭素繊維複合材料は顧客との強いコネクションを持ち、高い成長が期待されます。自前主義にはこだわらず、M&Aやアライアンスにも積極的。先端材料No. 1企業目指し邁進しています。

リンナイ **5947**	給湯、暖房のトップメーカーです。製品デザインの刷新、製販一体の全員経営、経営の見える化などの経営革新の成果が現れています。創業期より海外展開を行なっており、韓国、インドネシア、ブラジル、オーストラリアなどでも強いブランドを築いています。
ディスコ **6146**	半導体やLEDの製造に欠かせないグラインダーやダイサーなどを製造しています。「誰が正しいかではなく、何が正しいか」などディスコバリューで、自社の経営体制も磨き続けています。
SMC **6273**	工場の自動化に不可欠な空気圧機器で世界シェアトップです。強固な販売力を有し、自動車、電機、機械向けから、医療および食品関連にも自動化の需要が広がっています。
コマツ **6301**	多角化の失敗から学ぶ姿勢、キャタピラーに並ぶ競争力、それを支えるコマツウエイ（文化）、建設機械をインターネットに繋ぐ新しいビジネスモデルが強みです。
クボタ **6326**	長期的に世界の食糧需要が増加するなか、世界の競合企業に比べて、水田用、中小型の農機で高い競争力を持っています。今後は、とくにアジアでの成長が期待されます。
ダイキン工業 **6367**	世界に誇る日本の省エネ技術、強い販売力、優れた商品力が競争力の源泉であり、アフターケアとメインテナンスを絡めた総合力も抜群です。

図表 5-2 ● コモンズ 30 ファンドの保有銘柄とその理由

クラレ **3405**	製造技術が必要で、他社が真似し難い製品をつくっています。液晶の偏光板に用いられるポバールフィルム、自動車用ガソリンタンクに用いられるエバールなどでは、圧倒的なシェアを誇ります。
旭化成 **3407**	化学繊維事業から医薬・エレクトロニクス事業へ事業構成の転換により、収益性の向上を目指しています。先進的な開発に取り組む文化を持っており、人工腎臓やリチウム二次電池用セパレーターなどは世界トップクラスです。
信越化学工業 **4063**	収益に対しての執着心が強く、強いポジションを築いています。塩化ビニルなどの汎用品と、半導体ウエアなどの先端テクノロジーの双方で高いシェアを獲得しています。
エーザイ **4523**	世界的に競争力のある創薬メーカーです。企業理念の定款への記載や、役員選任理由を明確にした200ページ近くにわたる株主総会招集通知の作成などガバナンスの基本観がとてもしっかりしています。
楽天 **4755**	社内公用語の英語化、海外企業買収など、成長に向けた強い意欲が際立ちます。社員による店舗サポートが強みで、理念の共有、教育等の人的資産投資を積極的に行なっています。
資生堂 **4911**	巨大市場の中国、アジアで認められた美の感性、アジア人の肌を知り尽くした技術、おもてなしの心（接客力）が成長の牽引力となっています。

デンソー **6902**	1949年にトヨタ自動車から分離独立し「日本電装」として創業。自動車市場の拡大や自動車のモジュール化（複数の機能をまとめた部品にすること）などが追い風となります。今後の成長が期待される自動運転では、ソフトウェア開発に注力するとともに、技術力を武器に強みを発揮していく見込みです。
日東電工 **6988**	成長が期待される環境や医療向けなどに事業領域を柔軟に変化させながら、固有の技術をベースに、シートやフィルムに付加価値を加えた製品で成長しています。それぞれの地域ごとに品質や価格を調整し、シェアの獲得を目指しています。
ホンダ **7267**	お客さまに自動車のみならず、夢の詰まったモビリティー（移動体）を適正価格で提供します。歴史的に難局に強く、創業から脈々と流れるチャレンジ精神で、持続可能な成長を遂げています。
丸紅 **8002**	相対的に資源比率が低いことが特徴の一つです。バリューチェーンを構築し、景気の影響を受けにくいトレーディングなど、安定した収益体制を確立しています。とくに、食料（穀物）、電力（新興国での発電）などの事業領域に強みを持っています。
東京エレクトロン **8035**	「医療や環境、新しい産業の未来を考えると半導体チップの将来は無限」との発想で、商社から出発、いまや世界トップの半導体製造装置メーカーであるアプライドマテリアルズの背中まで迫っています。経営はクレドの心温まるメッセージでけん引。愚直で本質的な挑戦を続けています。

図表 5-2 ● コモンズ30ファンドの保有銘柄とその理由

日立製作所 **6501**	2008年度の巨額赤字後、マネジメントの強力なリーダーシップで進められた構造改革で強靭な組織になり、収益体質も強化。「インフラとITをつないで、世の中を便利にする」をモットーに、グローバルでの展開を加速。重視する「ダイバーシティ」が、成長の大きな武器となります。
マキタ **6586**	リチウムイオン電池など、軽量・低振動で使用者の健康に配慮をした製品開発を行ない、利用時間が長いプロ向けで高いシェアを獲得しています。ものづくりだけでなく、保守メンテナンス体制も充実しており、先進国では原則3日で対応可能な修理体制を構築しています。
堀場製作所 **6856**	創業者経営哲学「おもしろおかしく」を継承し、国際展開、自動車用から科学（研究）用、半導体用、現在の医療用まで、時代に応じて事業分野を拡大中です。ニッチ市場で高いシェアを誇り、事業分散と地域分散を組み合わせたマトリックス経営をしています。買収・提携も巧みです。
シスメックス **6869**	血液検査機器では、国内第1位、世界第10位、とくに血球計数分野では世界No. 1の実力を誇ります。さらに、赤血球分析から免疫、DNAへ、大学、研究所、病院を顧客に急発展し、サスティナブル企業として成長を続けています。

図表 5-2 コモンズ 30 ファンドの保有銘柄とその理由

三菱商事 **8058**	企業理念の「三綱領」をベースに、長期持続的成長を意識した経営を志向しています。事業に投資するだけでなく、事業のなかに入り、三菱商事の強みや機能を提供することで投資先の成長に貢献する「事業経営」を目指します。
ユニ・チャーム **8113**	これまで培ってきたマーケティング力を生かし、新興国ではトイレタリーで、先進国ではペットケアでの成長を目指しています。経営の仕組み化や、他社から学び継続的改善を行なっていることは、強みの一つです。
ヤマト **ホールディングス** **9064**	「クロネコヤマトの宅急便」で親しまれる宅配便業界のトップ。大型物流拠点を構築、電子商取引業者からの需要、B2B（企業間）の物流需要の取り込みなど総合物流企業へと変貌していきます。
ベネッセ **ホールディングス** **9783**	日本の通信教育事業において、圧倒的なシェアを誇ります。国内教育事業で培った知恵を用い、海外展開（台湾、中国）と事業領域拡大（介護、語学）で、変化し続ける環境を乗り越えて成長を目指しています。

終章

令和時代の資産運用の考え方は？

モノの豊かさから「心」の豊かさへ

ミレニアル世代（2000年以降に成人になった世代）やZ世代（2000年から2010年のあいだに生まれた世代）は、それまでの世代と価値観が大きく違うといわれます。価値観が違えば消費スタイルもお金の使い方も違ってくるわけです。

私は、こんなふうに考えています。

第二次大戦後、日本を含めて、世界の人々は豊かな暮らしを求めました。しかし、それは「モノ」による豊かさでした。自動車や三種の神器として白黒テレビ・洗濯機・冷蔵庫の家電3品目が広まった時代であり、映画『ALWAYS　三丁目の夕日』の世界です。そのモノへの欲求が究極に高まった時代にバブルが発生し、平成の到来とともに弾けました。世界的にはリーマン・ショックで行き過ぎた資本主義が弾けたとも考えています。

そして新しい時代では、モノは十分に手に入れたものの、気がつけば核家族化やインターネットの普及によりリアルな「心」の豊かさが大きく不足していることに気がつきました。ミレニアル世代やZ世代を中心に、意義や意味を求める心の豊かさを求め始めたのではないでしょうか。かつてのモノのない時代には、家族や近所づきあいなど、心の豊かさはあったのだと思います。ないものに対して欲求が高まるのは人間の性でしょう。

先般も、ある大手コンサルティング会社の経営幹部に、ことしの新入社員はどうかと聞いたところ、次のようなお話をうかがいました。

「おかげさまで、ことしは新入社員がたくさん入ってくれました。その新人研修で、みなさんは当社で何をしたいですかと聞いたところ、いちばん多かったのが環境問題に取り組みたいとの答えでした。こちらからは何もインプットしていない最初の段階から、環境問題への意識が高いことに驚き、ミレニアル世代はやはり違うと思いました」

また、ベンチャー企業の支援に取り組んでいる方と話していた折りにも、似たようなことをうかがいました。

「二十代で日本トップの大学出身者ばかりが経営層にいるベンチャー企業に出資の話で訪問したところ、その会社が水関連のビジネスをしている理由は、地震や台風で大きな被害が出ると、電気やガスの復旧に比べて水がいちばん遅いから、水関連ビジネスをすることで困っている人たちの役に立ちたいということでした。このように、起業の目的そのものが社会に貢献することを軸においている経営者や企業が増えてきています」

こうした話は、近年、枚挙にいとまがありません。

金融の世界でも長期的な視点に立った持続可能な社会の実現を目指してＥＳＧが重視されるようになってきました。ＥＳＧとは、Environment（環境）、Social（社会）、Governance（企業統治）の英語の頭文字を合わせた言葉です。企業経営において、Ｅ：地球温暖化対策など環境に配慮した取り組み、Ｓ：女性や障がい者、外国人など誰もが働きやすい職場、Ｇ：経営者が暴走しないなど優れた企業統治システムという3つの要素が重要といわれるようになり、ＥＳＧへ積極的に取り組む企業が「優れた企業」と認識されるようになりました。こうしたＥＳＧへの意識の高まりは、２００８年のリーマン・ショック後に、資本市場で短期的な利益追求に対する批判が高まったことなども背景にあるとされています。

また、ＳＤＧｓ（Sustainable Development Goals：国連の持続可能な開発目標）という言葉もよく聞くようになりました。２０１５年9月に国連に加盟する１９３か国すべてが合意して採択したもので、「２０３０年までに貧困撲滅や格差の是正、気候変動対策など国際社会に共通する17の目標が達成されること」を目指しています。このＳＤＧｓの大きな特徴は、民間企業をこういった課題解決を担う主体として位置付けている点にあります。

このように、世界も「心」の豊かさを求めて、長期的な視点での持続可能な社会を求めるようになってきているわけです。

私の友人で米投資銀行のゴールドマン・サックス証券でこのＥＳＧやＳＤＧｓを担当されている清水大吾さんが、「ミレニアル世代のマインド変化を探る」として、中高大学生向けに次のような問いかけをした話をしてくれました。

「Ａ社の牛乳は１００円、Ｂ社の牛乳は１５０円。まったく同じ品質だとすると、どちらの牛乳を買いますか？」

答えはいうまでもなくＡ社の牛乳となります。Ｂ社の牛乳に比べて50円安く、経済的なメリットが大きいからです。

しかし、それぞれの価格の内訳について次のように話してから具体的に示した後に、同じ問いかけをしたところ、答えは変わったそうです。

「Ａ社の牛乳が１００円で買えるのは、人件費をはじめとして、さまざまなコストを大幅に削った結果であることがわかりました。逆にＢ社の牛乳は、値段は高いけれども、社会に必要なコストをしっかり負担しています」

価格の内訳を見た後は、Ｂ社の牛乳を買うという学生が一気に増えたそうです。そして学生からは、「商品を買う場合は、できるだけ商品の内訳を知ってから買おうと思いました」、「物事の表面だけでなく、中身を見て考えようと思います。そして世の中を少しでも良くするため、どんな小さなことでも正しい行動を起こそうと思いました」、「自分の利益だけじゃなくて、もっと道徳的に考えて行動しようと思いました」、「私の行動で、世界を良くも悪くも変えてしまう。この自覚を持って、行動一つ一つに責任を持ちたいと思いました」といったコメントが寄せられたそうです。

このような意識が高まりつつあるいま、経済的リターンのみで企業価値を計ることはできません。これまでは、高い利益を出している企業の株式は単純に「買い」でしたが、これからそうはいかなくなります。もし、その高い利益がブラックな労働環境で維持されているものだとしたら？　または、地球環境保全に必要なコストを払わずに実現したものだとしたら？　あるいは、下請けいじめによるコスト削減効果によるものだとしたら？　みなさんはその会社に投資しようと思うでしょうか。

このように、これまでの時代が経済的なリターンのみを追求する傾向があったのに対し、令和の時代に入ったいま、私は、「経済的なリターン+社会的なリターン」が新しい時代の投資のスタイルになると考えています。また、この社会的なリターンの要素が加わるからこそ、たんなる売買による利益を求めるのではなく、長期で投資をすることによって成果を求めようという発想につながるのだと考えています。

経済的なリターン＋社会的なリターン＝「令和」時代の資産形成

元号が令和に変わると発表されてすぐに、紙幣も新しく刷新されるとのニュースが伝わってきました。その新紙幣の1万円札の図柄に渋沢栄一が採用されました。私とともにコモンズ投信を創業した渋澤健（取締役会長）は、その渋沢栄一の5代目にあたるという縁がありますから、新しい時代に渋沢栄一が起用された背景について、ここで考えてみたいと思います。

渋沢栄一は日本最初の銀行も設立していますが、その株式の募集時に「銀行は大きな河のようなものだ。銀行に集まってこない金は、溝に溜まっている水やポタポタ垂れている滴と変わりない。折角人を利し国を富ませる能力があっても、その効果はあらわれない」と提唱しています。一滴一滴の滴が、共感によって寄り集まり、共助によって互いを補い、「今日よりもよい明日」を共創することが、日本の資本主義の原点である渋沢栄一の考え方だったわけです。

また、渋沢栄一の代表的な思想である「論語（仁義道徳）と算盤（生産利殖）」の現代意義とは何でしょうか。それは、持続可能性＝サステナビリティだと思います。

これからの時代の資産形成は、持続可能性を考え、社会的なリターンに経済的なリターンが付いてくる時代かもしれません。コモンズ投信はそのように考え、運用においてはESGを考慮した企業選択は大前提としてきましたし、毎年、お客さまと一緒に社会起業家や障がい者スポーツ団体を応援するプログラムを設けています。

本書においては、「長期的な資産形成を実現するためにどうすべきか」ということについて、私たちの考え方や取り組みをいろいろとご紹介して参りました。みなさんの新しい時代の資産形成のヒントが得られたとしたら幸いです。

伊井哲朗（いい　てつろう）
コモンズ投信株式会社 代表取締役社長兼最高運用責任者
名古屋市生まれ、関西学院大学法学部政治学科卒業。山一證券入社、主に営業企画部に在籍し営業戦略を担当した後、機関投資家向け債券営業。メリルリンチ日本証券（現三菱UFJモルガンスタンレーPB証券）の設立に参画し約10年在籍。コモンズ投信創業とともに現職。2012年7月から最高運用責任者兼務。コモンズ30ファンドは、つみたてNISAに選定された。2018年の金融庁の示す共通KPIにおいては、公表した103の金融機関のなかで、「コモンズ投信の全顧客の97.7%の損益状況がプラス」というダントツ1位の数値が判明して大きな話題になった。著書に『「普通の人」が「日本株」で年7%のリターンを得るただひとつの方法』（講談社）、共著書に『価値向上のための対話』（日本経済新聞出版社）がある。

97.7%の人《ひと》が儲《もう》けている投資《とうし》の成功法則《せいこうほうそく》

2019年 6 月20日　初版発行

著　者　伊井哲朗 ©T. Ii 2019
発行者　杉本淳一

発行所　株式会社日本実業出版社　東京都新宿区市谷本村町3-29 〒162-0845
大阪市北区西天満6-8-1 〒530-0047
編集部 ☎03-3268-5651
営業部 ☎03-3268-5161　振　替　00170-1-25349
https://www.njg.co.jp/

印刷／壮光舎　製本／若林製本

この本の内容についてのお問合せは、書面かFAX（03-3268-0832）にてお願い致します。
落丁・乱丁本は、送料小社負担にて、お取り替え致します。

ISBN 978-4-534-05700-6　Printed in JAPAN